Gary Inrig

Zwölf Fenster zum Himmel

Was Jesu Gleichnisse über Gottes Herz offenbaren

CMV

THE PARABLES: Understanding What Jesus Meant

Published by special arrangement with Discovery House Publishers,
3000 Kraft Avenue SE, Grand Rapids, Michigan 49512 USA.

ISBN 978-3-86701-314-7
CMV-Bestellnummer: 701 314
Autor: Gary Inrig

1. Auflage 2016

Übersetzung: Wolfgang Stedtnitz
Grafik und Satz: CMV
Printed in Germany

Inhaltsverzeichnis

Widmung

Ich widme dieses Buch
zwei ganz besonderen Menschen:
Meiner lieben Frau *Elisabeth*
– Du bist für mich ein Bild für die Liebe Gottes! –
und Herrn *Dr. Arthur Stinton*
in dankbarer Erinnerung.

Nachdem ich das Manuskript abgeschlossen hatte, führte uns Gott durch die Schule des Leidens, denn meine Frau musste sich einer Krebsoperation unterziehen. Der Gott, der uns in den Gleichnissen Jesu begegnet, hat uns in dieser Zeit treu umsorgt. Uns ist wieder neu klargeworden, wie groß unser Herr ist. Auch die Bedeutung der Familie Gottes ist uns neu bewusst geworden. Die Mitglieder der *Bethany Chapel* in Calgary, Alberta (Kanada) und der *Reinhardt Bible Church* in Dallas, Texas (USA) haben einige Kapitel dieses Buches bereits als Predigten gehört. In den schweren Zeiten, die wir durchmachen mussten, haben sie uns etwas davon zurückgegeben. Durch diese Menschen ist uns Gott neu begegnet, und ich kann Ihm gar nicht genug dafür danken.

Dank schulde ich auch Jeanette Abercrombie und Glenese Hensarling für die sorgfältige Überarbeitung und Fertigstellung des Manuskripts.

Der größte Dank jedoch (unter den Menschen) gebührt meiner Frau Elisabeth, der dieses Buch gewidmet ist, und durch die ich „Gutes und Gunst vom Herrn" gefunden haben (vgl. Sprüche 18,22) sowie unseren drei Kindern Janice, Stephen und Heather, die „ihren Eltern Freude machen" (vgl. Sprüche 10,1).

Vorwort

Der amerikanische Dramatiker Arthur Miller, der nicht nur durch sein Stück „Tod eines Handlungsreisenden“ berühmt wurde, sondern auch durch seine kurze Ehe mit Marilyn Monroe, hat einmal gesagt: „In jedem guten Stück gibt es etwas, das beim Zuschauer die Reaktion auslöst: ‚O, da geht es ja um mich!‘“ Die Handlung wird zu einem Spiegel, in dem wir uns wiedererkennen. Selbsterkenntnis führt zu besserem Selbstverständnis.

Viele der Geschichten, die der Herr Jesus erzählte, verfolgen genau diesen Zweck. Wer sie richtig liest, sieht sich selbst. Aber sie sind mehr als ein Spiegel. Sie werden gleichsam zu Fenstern, durch die wir in das Herz Gottes schauen und Ihn besser verstehen können. Sie zeigen uns nicht nur, wer wir sind, sondern sie helfen uns zu begreifen, wer Gott ist. Die Gleichnisse decken nicht nur unsere menschliche Misere auf, sondern zeigen auch eine göttliche Lösung. Selbsterkenntnis ohne göttliche Hilfe würde zur Entmutigung führen. Doch die Gleichnisse des Herrn sind Ermutigung. Wir begegnen in ihnen uns selbst und unserem Gott.

Nicht alle Gleichnisse Jesu waren dazu gedacht, den Hörern einen Spiegel vorzuhalten. Gelegentlich wollte der Herr durch ein Gleichnis auch Wahrheiten verschleiern. Manchmal diente ein Gleichnis dem Zweck, die Wahrheit vor denen zu verbergen, deren Unglaube Zeugnis davon ablegte, dass sie unter dem Gericht Gottes standen. Dies gilt vor allem für die in Matthäus 13 überlieferten Gleichnisse (vgl. insbesondere die Verse 10-13).

Doch die Gleichnisse, um die es in diesem Buch geht, sind anderer Art. Hier geht es um Geschichten, die aufdecken und nicht verschleiern. Drei Aspekte müssen bei der Deutung berücksichtigt werden.

Erstens: Gleichnisse dürfen nie isoliert gesehen werden. Sie wurden fast immer als Antwort auf eine bestimmte Frage und als Reaktion auf eine bestimmte Situation erzählt. Es ist deshalb sehr wichtig, den Zusammenhang zu beachten, in dem die biblischen Schreiber das Gleichnis überliefern. Neuere theologische Forschungen haben viel Mühe darauf verwandt, die Gleichnisse Jesu isoliert von ihrem Kontext zu betrachten und nach einem originären „Sitz im Leben" der Texte bzw. der frühen Gemeinde zu suchen. Doch solche Spekulationen werden dem Sinn des vom Heiligen Geist inspirierten Texts nicht gerecht. Wer die Gleichnisse verstehen will, muss sie im Gesamtzusammenhang der Heiligen Schrift sehen.

Zweitens: Die Gleichnisse des Herrn sind Gleichnisse, keine Allegorien. Auch wenn gewisse Details von symbolischer Bedeutung sein mögen, geht es einem Gleichnis vor allem darum, eine bestimmte Wahrheit, einen Vergleichspunkt, zu betonen. Deshalb sollten wir uns bemühen, diese Wahrheit zu finden, statt uns wilden Spekulationen um die Bedeutung jeder noch so kleinen Nebensächlichkeit hinzugeben.

Drittens müssen wir bei der Lektüre der Gleichnisse Jesu die uns vertraute Welt des 21. Jahrhunderts hinter uns lassen. Die Beispielgeschichten spielen sich in der Alltagswelt Palästinas im ersten Jahrhundert ab. Um zu verstehen, was der Herr meinte, müssen wir uns in die Dörfer Judäas versetzen, den Geruch der Höfe riechen, das Wiehern der Esel hören und den Staub der Straßen auf der Zunge spüren. Erst wer eine solche „Zeitreise" angetreten ist, wird die Gleichnisse in ihrer ganzen Lebendigkeit neu verstehen.

Was wir allzu oft gehört haben, trifft uns nicht mehr. „Man gewöhnt sich an alles" – und welchem Christen wäre das Gleichnis vom verlorenen Sohn nicht bekannt? Doch es gibt noch ein weitaus schlimmeres Problem. Weil wir die Gleichnisse in- und auswendig kennen, schalten wir ab, wenn wir sie hören. Ich möchte Sie einladen, die Gleichnisse neu zu hören – so, als säßen wir wie Maria zu Jesu Füßen, und so, als sei es das erste Mal.

~1~
Den Vater kennen

A.W. Tozer beginnt seine meisterhafte Studie über den Charakter Gottes, *The Knowledge of the Holy* (deutscher Titel: „Das Wesen Gottes") mit dem provokanten Satz: „Das, woran wir denken, wenn wir an Gott denken, ist das, was am meisten über uns selbst aussagt." Für manche ist eine solche Behauptung nur fromme Rhetorik. Welche Aussage soll man von einem Pfarrer am Sonntagmorgen schon erwarten? Reden über Gott mag seine Berechtigung haben, doch in der realen Welt haben wir ganz andere Probleme. Wer braucht in unserem säkularen Zeitalter noch Gott? Ich erinnere mich an ein Gespräch mit einem Philosophiestudenten, der davon überzeugt war, dass die wirklichen Fragen des Leben nichts mit Gott zu tun hätten, sondern mit Problemen wie atomarer Aufrüstung, Umweltverschmutzung, wirtschaftliche Ungerechtigkeit, Fragen der politischen Unabhängigkeit und zentralen persönlichen Aspekten wie Menschenwürde und Selbstwertgefühl.

Andere gestehen Tozers Aussage eine gewisse Berechtigung zu. Was ich über Gott denke, ist in der Tat wichtig. Alle anderen Lebensfragen lassen sich erst dann beantworten, wenn ich berücksichtige, was Gott dazu sagt. Doch dann stehen wir vor einem anderen Dilemma. Im theologischen Supermarkt des 21. Jahrhunderts stellt sich die Frage: Welchen Gott nehmen wir denn? Vielleicht einen solchen, der all das verkörpert, was mir wichtig erscheint? Einen Gott, der attraktiv ist? Woher beziehe ich überhaupt mein Wissen über Gott?

Wieder andere reagieren mit Begeisterung auf Tozers Aussage. Recht hat der Mann! Es geht um Gott, und was wir über Gott denken, ist nicht nur wichtig, es ist lebensentscheidend. Und doch können sich manche des Eindrucks nicht erwehren, dass diejenigen, die über Gott „theologisch korrekt" sprechen, tragischerweise sehr wenig über sein wahres Wesen verstanden haben. Ist die Geschichte der Menschheit nicht der beste Beweis dafür, dass Menschen, die glaubten, Gott sei mit ihnen, die furchtbarsten Verbrechen begangen haben? Ganz zu schweigen von den jüngeren Skandalen um manche selbst ernannten Fernsehprediger, deren privaten Werte so wenig mit dem übereinstimmen, was sie einem Millionenpublikum „verkaufen."

Ich persönlich bin davon überzeugt, dass unser Herr Jesus der Aussage Tozers zugestimmt hätte. Was uns in den Sinn kommt, wenn wir über Gott nachdenken, ist in der Tat das, was am meisten über uns selbst aussagt. Immer wieder ging es Jesus Christus darum, den Menschen den Schleier der Fehlinformation abzunehmen, wenn es um die Erkenntnis seines Vaters ging. Und ebenso rigoros stellte er klar, dass Gotteserkenntnis eben weit mehr ist als bloße theologische Rechtgläubigkeit, so wichtig diese auch ist. Der Beweis dafür, dass wir Gott kennen und Ihn verstanden haben, wird nicht dadurch angetreten, dass wir die Fragen des Katechismus beantworten und alle Wesensmerkmale Gottes aufzählen können. Sie zeigt sich darin, wie wir auf andere Menschen reagieren. Das Wesen des Höchsten zeigt sich in seinen Kindern am besten, wenn sie ihrem Vater ähnlich sind.

Hierum geht es in den bekanntesten und wichtigsten Gleichnissen. Wir alle kennen die Geschichte vom verlorenen Sohn. Doch schon diese Bezeichnung verrät, dass wir nicht richtig zugehört haben. Es geht in dem Gleichnis nicht um einen, sondern um zwei Söhne. Und es geht weniger um das Verlorensein, als um die Liebe des Vaters zum Zurückgekehrten. Eigentlich ist das Gleichnis aus Lukas 15 eine Beschreibung des Vaterherzen Gottes.

Das Murren der Schriftgelehrten

Um die Geschichte richtig zu verstehen, müssen wir uns unbedingt anschauen, vor welchem Hintergrund sie berichtet wird. Wir beginnen darum mit Lukas 15,1-2:

> Es pflegten sich ihm aber alle Zöllner und Sünder zu nahen, um ihn zu hören. Und die Pharisäer und die Schriftgelehrten murrten und sprachen: Dieser nimmt Sünder an und isst mit ihnen!

Der zeitliche Abstand vieler Jahrhunderte lässt uns kaum noch erahnen, wie nachdrücklich unser Herr seine zeitgenössischen Hörer vor den Kopf stieß, und zwar in voller Absicht. Seine Worte und Taten schockierten die Religiösen und Selbstgerechten, und ich habe den Eindruck, dass es nicht nur damals so war. Auch wir Heutigen wären mehr als erstaunt über das Verhalten Jesu.

Es gibt kaum etwas Erstaunlicheres in den neutestamentlichen Evangelien als deren Bericht über die Art von Menschen, die sich zu Jesus hingezogen fühlten. „Zöllner und Sünder" waren in den Augen der Pharisäer der Abschaum der Gesellschaft. Zöllner trieben die Steuern und Abgaben für die Römer ein. Wenn wir heute das Wort „Steuereinnehmer" hören, denken wir vielleicht an hohe Steuern, ärgern uns über bürokratische Hindernisse oder fürchten uns vor einer Betriebsprüfung. Doch zur Zeit Jesu waren Steuereinnehmer nicht nur unbeliebt. Sie waren Handlanger der römischen Besatzungsmacht und damit Verachtete. Das damalige System kam ohne Korruption nicht aus. Machtmissbrauch war an der Tagesordnung. Da die Zöllner oft mit Heiden zu tun hatten, galten sie als unrein. Ein aufrichtiger Jude konnte für dieses verräterische Pack nichts als Abscheu empfinden. Das Wort „Sünder" hatte einen ähnlich faden Beigeschmack. So wie die Pharisäer den Ausdruck benutzten, galt er allerdings weniger den Übertretern und Übeltätern, als den einfachen Leuten, die sich um das Gesetz nicht kümmerten. Gesetzestreue Juden nannten diese Menschen *am h'aretz*, das „Volk vom Land." Es waren die Nichtpraktizierenden, die Unreinen.

Nun mag zwar dieses einfache Volk vom Land gleichgültig gegenüber der pharisäischen Religion gewesen sein, aber sie waren sehr interessiert an geistlichen Wahrheiten. Sie fühlten sich zu Jesus hingezogen, und das machte die Pharisäer und Schriftgelehrten wütend. Schließlich waren sie die Respektspersonen – diejenigen, die in religiösen Dingen das Sagen hatten. Das Problem war weniger die Reaktion der Sünder auf Jesus, als vielmehr die Reaktion Jesu auf die Sünder. Wer konnte schon ernsthaft etwas dagegen haben, dass Sünder ihm zuhörten, um etwas zu lernen? Vielleicht besserten sie sich ja! Hauptsache, sie wussten um ihre Grenzen. Aber Jesus tat mehr, als diese Menschen nur zu tolerieren. Er hieß sie willkommen: „Dieser nimmt die Sünder an." Die Sünder fühlten sich offensichtlich wohl bei Jesus: „Und er isst mit ihnen." Wie konnte sich ein ehrbarer Mann in der orientalischen Kultur, wo das gemeinsame Essen Wohlwollen und Anerkennung bedeutete, so benehmen? Wie konnte er sich in einer solchen Gesellschaft wohlfühlen und es zulassen, dass die Sünder es sich in seiner Gegenwart gemütlich machten? „Nun brauchen wir keine Beweise mehr. Es heißt nicht umsonst: ‚Zeige mir deine Freunde, und ich sage dir, wer du bist.' Jesus orientiert sich nicht an guten, sondern an schlechten Menschen, also kann er selbst kein guter Mensch sein!" – lautete die Argumentation der Pharisäer.

Die Pharisäer waren Menschen, die von sich behaupteten, Gott zu kennen. Sie mochten es nicht, wie Jesus auf die Sünder zuging. Und die Pharisäer sind mit diesen Gefühlen nicht allein. Wenn wir ehrlich mit uns selbst sind, müssen wir zugeben, dass auch wir gelegentlich diese Einstellung vertreten. Nicht jeder, der Jesus nachfolgt, liegt auf „unserer Wellenlänge." Und es ist genau diese Einstellung, die für Jesus den Anlass bietet, das Gleichnis vom verlorenen Sohn zu erzählen. Auf das „Murren" der Pharisäer (Vers 2) folgt der Satz: „Er sagte aber zu ihnen dieses Gleichnis." Es sind, genau genommen, drei Gleichnisse: eins über ein verloren gegangenes Schaf, eins über eine verloren gegangene Münze, und eins über einen verloren gegangenen Sohn. Jedes einzelne wendet sich an die Selbstgerechten, hält ihnen einen Spiegel vor und öffnet ihnen ein Fenster zum Himmel. Denn die Zuhörer Jesu wissen in Wirklichkeit sehr viel weniger über sich und Gott als sie meinen.

Eine jüdische Legende erzählt von einem jungen Mann, der zu einem Rabbi kam, den er sehr bewunderte. „Rabbi", sagte er. „Ich bewundere und verehre Euch und würde gerne Euer Schüler werden." „Nun, mein Sohn," antwortete der Rabbi: „Weißt du denn, was mich verletzt und was mir Schmerzen bereitet?" „Nein, das weiß ich nicht," sagte der junge Mann. Der Rabbi blickte ihn mit ernsten Augen an: „Wie kannst du dann sagen, dass du mich bewunderst und verehrst?"

Darum geht es in diesen drei Gleichnissen. Wie können wir behaupten, Gott zu lieben, wenn wir nicht wissen, was Ihm Schmerzen oder Freude bereitet? Gott möchte, dass wir erkennen, dass das Herz eines Vaters Schmerzen empfindet, wenn jemand verloren geht, und dass ein Vater sich freut, wenn jemand den Weg zurück findet. Jesus knüpft damit an unsere menschlichen Vorstellungen an. Was tun wir, wenn uns etwas verloren gegangen ist? Wir verachten es doch nicht! Wir suchen danach, und wir freuen uns, wenn wir es gefunden haben. Es ist doch klar, dass Menschen so denken und empfinden. Und der springende Punkt – der „Vergleichspunkt" in den Gleichnissen – liegt darin, dass Gott ganz genauso denkt und empfindet. Es sind Geschichten, die weniger von einem verlorenen Schaf handeln als von einem Hirten, der sich aufmacht, ein einzelnes Schaf zu suchen, weniger von einem verlorenen Geldstück als von einer Frau, die das Haus auf den Kopf stellt, bis sie es gefunden hat – und weniger um einen verlorenen Sohn, als um einen liebenden Vater. Und in allen Gleichnissen geht es darum, dass Gott selbst dieser liebende Vater ist.

Alle drei Geschichten sind sehr bekannt und gleichermaßen berührend, doch wir wollen uns hier vor allem mit dem dritten Gleichnis beschäftigen. Es findet sich in Lukas 15 und zerfällt in zwei Abschnitte, was übrigens oft übersehen wird. Denn die Geschichte, die der Herr Jesus erzählt, endet nicht mit der Heimkehr des verlorenen Sohnes. Sie geht weiter mit der flehentlichen Bitte des Vaters an die Adresse des älteren Sohnes. Und gerade der zweite Teil des Gleichnisses ist der, der für die Pharisäer und Schriftgelehrten am wichtigsten war.

Ein rebellischer Sohn – und ein Vater, der ihn wieder aufnimmt (Lukas 15,11-24)

> Und er sprach: Ein Mensch hatte zwei Söhne. Und der jüngere von ihnen sprach zum Vater: Gib mir den Teil des Vermögens, der mir zufällt, Vater! Und er teilte ihnen das Gut. Und nicht lange danach packte der jüngere Sohn alles zusammen und reiste in ein fernes Land, und dort verschleuderte er sein Vermögen mit ausschweifendem Leben. Nachdem er aber alles

aufgebraucht hatte, kam eine gewaltige Hungersnot über jenes Land, und auch er fing an, Mangel zu leiden. Da ging er hin und hängte sich an einen Bürger jenes Landes; der schickte ihn auf seine Äcker, die Schweine zu hüten. Und er begehrte, seinen Bauch zu füllen mit den Schoten, welche die Schweine fraßen; und niemand gab sie ihm. Er kam aber zu sich selbst und sprach: Wie viele Tagelöhner meines Vaters haben Brot im Überfluss, ich aber verderbe vor Hunger! Ich will mich aufmachen und zu meinem Vater gehen und zu ihm sagen: Vater, ich habe gesündigt gegen den Himmel und vor dir, und ich bin nicht mehr wert, dein Sohn zu heißen; mache mich zu einem deiner Tagelöhner! Und er machte sich auf und ging zu seinem Vater. Als er aber noch fern war, sah ihn sein Vater und hatte Erbarmen; und er lief, fiel ihm um den Hals und küsste ihn. Der Sohn aber sprach zu ihm: Vater, ich habe gesündigt gegen den Himmel und vor dir, und ich bin nicht mehr wert, dein Sohn zu heißen! Aber der Vater sprach zu seinen Knechten: Bringt das beste Festgewand her und zieht es ihm an, und gebt ihm einen Ring an seine Hand und Schuhe an die Füße; und bringt das gemästete Kalb her und schlachtet es; und lasst uns essen und fröhlich sein! Denn dieser mein Sohn war tot und ist wieder lebendig geworden; und er war verloren und ist wiedergefunden worden. Und sie fingen an, fröhlich zu sein.

Ich habe zwar kein Schaf verloren, aber ich habe mit unseren Kindern zusammen stundenlang nach unserem Pudel gesucht. Wir alle hatten Angst, dass er nicht mehr leben würde. Und ich habe das Haus auf den Kopf gestellt, weil meiner Frau ein wertvoller Diamant aus ihrem Ring gefallen war. Den Hund haben wir wiedergefunden, den Diamanten nicht. Doch was ist das im Vergleich zu den Schmerzen über ein verloren gegangenes Kind? Es zerreißt einem das Herz, wenn ein Kind verschwindet, und es zerreißt einem genauso das Herz (auf andere, aber doch ebenso reale Weise), wenn ein schon erwachsenes Kind sich von Gott entfernt und eigene, falsche Wege geht. Im zweiten Fall wissen wir zwar, wo es sich befindet und was es gerade macht, aber wir zerbrechen uns den Kopf darüber, was wir selbst tun können. Wir wissen die Kinder in einem fernen Land, und wir wissen, dass sie nicht nur ihr Geld wegwerfen, sondern möglicherweise ihr Leben und ihre Seele. Wahrscheinlich kann diesen Schmerz nur jemand nachempfinden, der so etwas erlebt hat.

Raus aus dem Vaterhaus ... (Lukas 15,11-12)

Im Spätsommer des Jahres 1986 fuhr ich mit meinem Vater von Portland, Oregon, nach Vancouver in British Columbia. Meine Mutter war zwei Jahre zuvor verstorben, und mein Vater hatte sich seither furchtbar einsam gefühlt. Mein Vater war kein Mensch, dem es leicht fiel, über seine Gefühle zu reden, doch während dieser gemeinsamen Autofahrt brachte er die Sprache auf seine Beerdigung und seine Finanzen. Neun Monate später war er tot, und ich bin froh, dass wir dieses Gespräch geführt haben. Aber in dem Moment selbst war es mir äußerst unangenehm. Ich wollte nicht über das Geld sprechen, das er mir vererben wollte. Ich wollte, dass er lebt. Das Geld gehörte ihm, und ich nahm an, dass er es noch brauchen würde. Alles, was darüber hinausging, erschien mir unangemessen, respektlos. Ich war doch nicht jemand, der auf sein Geld aus war. Ich wollte, dass er über das Leben nachdachte, nicht über das Sterben.

Wenn wir Heutigen so denken, können wir getrost davon ausgehen, dass die Menschen in biblischen Zeiten genauso empfanden. Die Bitte um das Erbe zerriss dem Vater das Herz. Es ging dem Sohn ja nicht um ein Darlehen; es ging ihm um die Erbschaft. „Weil Du immer noch lebst und noch nicht gestorben bist, gib mir das, was mir zusteht. Ich kann nicht länger warten." Jesus möchte, dass wir schockiert sind, wenn wir dies hören. Theologen, die sich mit der Kultur des Mittleren Ostens zur damaligen Zeit auskennen, sagen uns, dass der Sohn mit diesen Worten eigentlich dem Vater gegenüber zum Ausdruck bringt: „Ich wünsche mir deinen Tod." Es stand einem Vater als Erblasser zu, ein Gespräch über das Erbe zu beginnen, nicht jedoch einem Sohn. „Soweit mir bekannt", sagt Kenneth Bailey in seinem Buch *Poet and Peasant*, "gibt es in der gesamten Literatur des Mittleren Ostens, von diesem Gleichnis abgesehen, keinen einzigen Fall, weder in der Vergangenheit, noch in der Gegenwart, wo ein älterer oder jüngerer Sohn einen Vater, der noch gesund und rüstig ist, um die Auszahlung des Erbes bittet."

Ich kann mir nicht vorstellen, dass der Vater dem Sohn das Erbe ohne Widerrede gab. Er kannte ihn gut genug, um zu wissen, was er vorhatte. Sicher hat er versucht, ihn umzustimmen. Aber der Sohn blieb hart. Schließlich gab der Vater nach, auch wenn es ihm das Herz brach. Manchmal sind Eltern hilflos und können ein Kind nicht davon abhalten, einen falschen Weg einzuschlagen. Und so ließ der Vater seinen Sohn ziehen. Er teilte das Erbe unter seinen Söhnen auf: zwei Drittel für den Erstgeborenen, so wie es die jüdische Tradition vorsah, und ein Drittel für den jüngeren Sohn. Anscheinend tat der Vater sogar noch mehr, denn er verteilte nicht nur das Bargeld, sondern teilte auch den Grundbesitz auf. Dies war eigentlich seine Altersvorsorge gewesen. Nun war der Vater mittellos und verletzlich.

... rein in die Welt (Lukas 15,13-16)

Der jüngere Sohn ist fest entschlossen, seine Unabhängigkeit auszukosten. „Wenige Tage später ..." hatte er „seinen ganzen Anteil verkauft und zog mit dem Erlös in ein fernes Land" (NGÜ). Dass er den Grundbesitz verkaufte, hing wohl auch damit zusammen, dass er alle Brücken hinter sich abbrechen wollte. Nichts sollte ihn mehr an Zuhause erinnern. Er brach nicht nur mit der Heimat seines Vaters, sondern auch mit dem Gott seines Vaters. Das „ferne Land" war das Land der Heiden. Hier galten keine jüdischen Werte mehr, nur noch heidnische. Das Geld wurde durchgebracht. Der Mann lebte in Saus und Braus, und dort, wo er herkam, hatte niemand Zweifel daran, wohin das Geld geflossen war: in die Taschen von Prostituierten (vgl. Lukas 15,30).

Jeder muss mit den Folgen seiner Entscheidungen leben, und für den jüngeren Sohn war es nicht anders. Das Geld ging ihm aus, der Hunger nagte an ihm. Das wilde Leben lag hinter ihm, die Realität hatte ihn eingeholt. Nachdem er „die Sau rausgelassen" hatte, landete er bei den Schweinen. Was gibt es Schlimmeres für einen Juden als den Beruf des Schweinehirten? Doch der Mann war verzweifelt; er brauchte etwas zu essen. Am Ende wäre er mit Schweinefutter zufrieden gewesen, doch es gab keins. In Zeiten des Hungers sind Tiere wichtiger als Menschen, und so war der Sohn völlig am Ende.

Hätte Jesus das Gleichnis an diesem Punkt beendet – er wäre sich der Zustimmung aller gewiss gewesen. „Geschieht ihm Recht! Das kommt davon! Das hat er nicht anders verdient!" Aber Jesus hört an dieser Stelle nicht auf. Die Geschichte geht weiter. Die Pharisäer wollten, dass der verlorene Sohn bei den Schweinen bleibt. Jesus möchte, dass er den Weg zurück ins Haus des Vaters findet.

Selbsterkenntnis und Umkehr (Lukas 15,17-19)

Jesus kommt nun zum Wendepunkt der Geschichte. Der Sohn „kam zu sich selbst." Er besann sich. Er sah ein, dass er gescheitert war. Sünde ist nichts als Irrsinn, und der junge Mann hatte es am eigenen Leib erfahren. Der erste Schritt zu geistlicher Erneuerung ist Selbsterkenntnis und Gotteserkenntnis. Wir müssen sehen, wer wir sind – und in welcher Beziehung wir zu Gott stehen. Der Sohn erkennt, dass er den falschen Weg eingeschlagen hatte, dass er „gesündigt hatte gegen den Himmel und vor dir." Er übernimmt die Verantwortung und stellt sich der Wahrheit.

Was mag im Kopf dieses Sohnes vorgegangen sein, als er sein Zuhause verließ? Vielleicht dachte er: „Ich muss mich selber finden. Ich will etwas vom Leben haben." Aber wir finden uns nicht selbst, wenn wir ausschweifend leben. Wir müssen die Konsequenzen unserer Entscheidung tragen. Mancher hat tatsächlich mehr Wahrheit in der Gosse gefunden als in den Ausschweifungen eines wilden Lebens. Ein Mann verließ seinen Vater, um die Freiheit zu finden. Doch statt der Freiheit fand er Abhängigkeit, und zwar eine Abhängigkeit, die alles übertraf, was er beim Vater jemals erlebt hatte. Manch einer muss erst „bei den Schweinen" landen, um zur Erkenntnis zu kommen. Oft lernen wir erst in einer Lebenskrise, die Herrlichkeit des Vaterhauses wertzuschätzen.

Die Worte des Sohnes, der sich nach seinem Zuhause sehnt, zeigen, dass er das Herz und die Seele seines Vaters nicht wirklich kennt. Er weiß, dass er das Recht verwirkt hat, ein Sohn genannt zu werden. Das Beste, auf das er hofft, ist ein Angestelltenverhältnis im Rang eines Dieners. Mehr erwartet er nicht.

Wie der Vater wirklich ist (Lukas 15,20-24)

Zuzugeben, dass man sein Leben ruiniert hat, ist hart. Und das in einem Dorf zu tun, ist besonders hart. Alle wussten Bescheid. Was der junge Mann getrieben hatte, war niemandem entgangen. Der Sohn wusste, dass ein Gang durch dieses Dorf einem Spießrutenlauf gleichen würde. Überall war Feindschaft zu erwarten. Überall lauerten Kritik und böse Blicke. Der Mann roch nach Schweinen und war völlig zerlumpt. Er hatte das Dorf verlassen, in der Hoffnung, das Glück zu finden. Nun kam er zurück, geschlagen und gedemütigt. Aber gut, wenn das der Preis war, war er bereit, ihn zu zahlen. Und so kehrt er heim, kommt in das Dorf, auf den Hof, zu seinem Vater.

Und dann geschieht das Unglaubliche. Der Vater ist anders. Er ist gar nicht der strenge Mensch, der von seinem Sohn nichts mehr wissen will. Er hat ihn nicht aus seiner Erinnerung verbannt, schon gar nicht aus seinem Herzen. Er sieht den Jungen, der nach Hause kommt, als dieser noch in weiter Ferne ist. Das kann doch nur bedeuten, dass er Ausschau nach ihm gehalten hat. Er will ihn wiederhaben. Tag für Tag hat er auf diesen Moment gewartet. Sein Herz ist voller Mitleid. Der Vater hat ein Herz, das jede Entfernung überbrückt. Und so läuft er seinem Sohn entgegen: „Als er noch fern war, sah ihn sein Vater und hatte Erbarmen." Beachten wir die zeitliche Abfolge: Die Gnade des Vaters ist schon da, bevor der Sohn seinen Mund geöffnet hat.

Um das Gleichnis zu verstehen, müssen wir uns vor Augen halten, dass ältere Männer im Mittleren Osten niemals laufen. Schon die damals üblichen langen Gewänder erschwerten dies. Für einen betagten Gutsbesitzer galten schnelle Bewegungen als völlig unangemessen. Selbst heute versuchen bekannte Persönlichkeiten, ihre Emotionen unter Kontrolle zu halten. Es gibt Senioren, die joggen, weil es gut für die Gesundheit ist, aber es gibt wohl kaum Senioren, die Freudensprünge machen und irgendwo hinlaufen, als wären sie Kinder. Doch das Herz dieses Vaters quillt über vor Freude. Dabei sind ihm zwei Dinge wichtig: die Liebe zu seinem Sohn und der Wunsch, ihn vor der Kritik der Dorfbewohner in Schutz zu nehmen. Die anderen trauen ihren Augen nicht: Der von allen geachtete Landbesitzer schließt einen heruntergekommenen

Landstreicher in die Arme, drückt ihn an sich und küsst ihn immer wieder.

Nun beginnt der Sohn seine Rede abzuspulen. Wahrscheinlich hat er sie vorher auswendig gelernt: „Vater, ich habe gesündigt..." Weiter kommt er nicht. Mehr braucht sein Vater nicht zu hören. Der Gutsbesitzer wendet sich der neugierigen Menge zu, die ihm gefolgt war, um zu beobachten, wie er reagieren würde. Zu seinem Sohn sagt er zunächst nichts. Taten sprechen lauter als Worte. „Schnell, bringt das beste Kleid und zieht es ihm an." Das „Festgewand" war der Umhang, den der Vater nur zu besonderen Anlässen trug. Der Sohn war nun der Ehrengast. „Gebt ihm einen Ring an seine Hand" – nicht als Schmuck, sondern als Zeichen der Zugehörigkeit – „und Schuhe an die Füße." Diener und Sklaven gingen damals barfuß. Der Vater kleidet seinen Sohn nicht nur neu ein; er ehrt ihn und akzeptiert ihn. „Bringt das gemästete Kalb her" (das man für einen besonderen Freudentag aufbewahrt hatte), und lasst uns essen und fröhlich sein! Denn dieser mein Sohn war tot und ist wieder lebendig geworden; und er war verloren und ist wiedergefunden worden." Nichts ist mehr, wie es war. Der verlorene Sohn soll das Beste bekommen.

Es gibt in der buddhistischen Überlieferung eine ganz ähnliche Geschichte, die jedoch völlig anders ausgeht. Auch dort geht es um einen Sohn, der sein Vaterhaus verlassen hat und nach vielen Jahren elend und zerlumpt nach Hause zurückkehrt. Dieser Sohn hatte sich nach der langen Zeit derart von seinem Vater entfremdet, dass er den Vater nicht mehr erkennt. Der Vater bittet die Dienerschaft, den Obdachlosen hereinzubringen und zu waschen. Der Vater gibt sich auch in der folgenden Zeit nicht zu erkennen, sondern beobachtet genau, wie sich der Sohn entwickelt. Nach und nach stellt er fest, dass sich der junge Mann zum Positiven verändert. Am Ende ist aus ihm ein pflichtbewusster und anständiger Mensch geworden. Erst dann, als sich der Vater sicher ist, dass der Sohn sich gebessert hat, gibt er sich zu erkennen und nimmt ihn als rechtmäßigen Erben wieder auf.

Den Pharisäern hätte diese Geschichte gefallen. Voraussetzung für die Wiederaufnahme ist die moralische Besserung. Wer sich seiner

Herkunft als würdig erweist und seiner Reue handfeste Beweise folgen lässt, darf auf Wiederaufnahme hoffen. Doch der himmlische Vater, den unser Herr Jesus beschreibt, ist anders. Das Gleichnis vom verlorenen Sohn ist nicht ein Gleichnis von einem würdigen Sohn. Es ist ein Gleichnis von unverdienter Gnade. Gott ist nicht der ferne Richter, dem es nur um Recht und Ordnung geht. Gottes Angesicht scheint nicht nur über dem Gerechten. „Er lässt seine Sonne aufgehen über Böse und Gute und lässt es regnen über Gerechte und Ungerechte (Matthäus 5,45b). Gottes Gnade ist überfließend. Er läuft auf den Sünder zu und umarmt ihn. Er akzeptiert nicht nur den sauberen, frisch Gewaschenen. Er liebt auch den schmutzigen, verlorenen Menschen, der bußfertig nach Hause kommt. Gott ist ein Gott, der nicht nur sein Festgewand opfert, sondern, wie sich später herausstellen wird, sogar seinen eigenen Sohn. Gott heißt den Rebellen, der nach Hause kommt, von Herzen willkommen.

Der himmlische Vater freut sich über das tote Kind, das zum Leben erwacht ist, über den Verlorenen, der heimgekehrt ist. Er nimmt den Sohn nicht nur wieder auf: Er freut sich mit ihm, und Er freut sich über ihn. Ein solcher Gott war den Pharisäern unbekannt. Deshalb endet das Gleichnis nicht mit Vers 24. Es geht, was die Pharisäer und deren Haltung betrifft, in den folgenden Versen erst richtig los.

Der zweite Teil des Gleichnisses (Lukas 15, 25-32)

> Aber sein älterer Sohn war auf dem Feld; und als er heimkam und sich dem Haus näherte, hörte er Musik und Tanz. Und er rief einen der Knechte herbei und erkundigte sich, was das sei. Der sprach zu ihm: Dein Bruder ist gekommen, und dein Vater hat das gemästete Kalb geschlachtet, weil er ihn gesund wiedererhalten hat! Da wurde er zornig und wollte nicht hineingehen. Sein Vater nun ging hinaus und redete ihm zu. Er aber antwortete und sprach zum Vater: Siehe, so viele Jahre diene ich dir und habe nie dein Gebot übertreten; und mir hast du nie einen Bock gegeben, damit ich mit meinen Freunden fröhlich sein kann. Nun aber, da dieser dein Sohn gekommen

ist, der dein Gut mit Huren vergeudet hat, hast du für ihn das gemästete Kalb geschlachtet! Er aber sprach zu ihm: Mein Sohn, du bist allezeit bei mir, und alles, was mein ist, das ist dein. Du solltest aber fröhlich sein und dich freuen; denn dieser dein Bruder war tot und ist wieder lebendig geworden, und er war verloren und ist wiedergefunden worden!

Der Ärger des älteren Bruders (Lukas 15, 26-28a)

Ist der verlorene Sohn ein Bild für die Zöllner und Sünder (Vers 1), so ist der ältere Bruder ein Bild für die Pharisäer (Vers 2). Dieser Mann ist ein treuer Sohn, der seinem Vater Freude bereitete. Die Dorfbewohner hatten den jüngeren Sohn, der von Zuhause aufgebrochen war, scharf kritisiert. Den älteren Sohn hatten sie gelobt. Er hatte alles richtig gemacht.

Natürlich hat Jesus nichts gegen anständige Menschen. Doch wie sagte Mark Twain in seiner ironischen Art so schön? „Ich habe lange genug in der Gesellschaft anständiger Menschen gelebt, um langsam zu begreifen, warum Jesus die Gesellschaft der Zöllner und Sünder suchte." Es gibt eine „Anständigkeit", die nicht wirklich anständig ist, ein „gutes Benehmen", das nicht wirklich gut ist. Der ältere Bruder lebte mit einer Fassade. Es sah so aus, als hätte er eine gute Beziehung zu seinem Vater, doch sie war nur Schein. Jesus benutzt den älteren Sohn, um den Pharisäern zu zeigen, dass ihre Gotteserkenntnis nur eine Fassade ist.

Als der Bruder von der Arbeit nach Hause kommt, hört er fröhliche Musik und Gelächter. Das missfällt ihm. Solche Töne passen nicht zum Haus seines Vaters. Als er den Grund für die Feier erfährt, sieht er seine schlimmsten Befürchtungen bestätigt. Der Ausreißer ist zurückgekehrt, dieser Taugenichts, und sein Vater feiert das auch noch.

Die Aufgabe, die den älteren Bruder erwartete, war klar. Er hätte die Pflicht gehabt, seinem Vater nach besten Kräften beizustehen. Mag der Vater der Zeremonienmeister gewesen sein, der ältere Sohn hätte sein zweiter Mann sein müssen, die rechte Hand des Gastgebers. Doch der junge Mann denkt gar nicht daran, seinem Vater bei der Willkommensparty zu helfen. Es heißt in dem Text, dass er zornig wurde. „Er wollte nicht hineingehen." Dies ist eine ausdrückliche Zurückweisung, ja, Beleidigung des Vaters. Der Sohn stellt den alten Mann vor allen anderen bloß. So wie pubertierende Kinder ihre Eltern manchmal „alt aussehen" lassen, demütigt dieser Sohn seinen Vater vor allen Leuten. Und er tut noch mehr: Er weigert sich nicht nur, das Handeln seines Vaters zu akzeptieren; er kündigt ihm auch die Gemeinschaft auf. Mit einem Ausreißer, der das väterliche Vermögen mit Huren verprasst hat und schließlich bei den Schweinen gelandet ist, will er nichts mehr zu tun haben. Wenn der Vater das anders sieht, soll der Vater mit seiner Überzeugung alleine bleiben.

Die Parallelen liegen auf der Hand. Die Pharisäer hatten sich geweigert, mit Jesus Gemeinschaft zu haben, weil sie ihm vorwarfen, er suche die Gemeinschaft mit Menschen, von denen man sich besser fernhält. Die Folge war, dass sich die Pharisäer damit außerhalb der Gemeinschaft mit Gott stellten. Wer sich weigert, die anzunehmen, die Gott angenommen hat, widersetzt sich dem Willen Gottes. Unser Umgang mit Menschen zeigt, wie unsere Beziehung zu Gott ist.

Der bittende Vater (Lukas 15,28)

Sicher hätte der Vater kraft seiner Autorität den Sohn dazu zwingen können, ins Haus zu kommen. Er hätte sagen können: „Gerne können wir die Sache später klären, aber jetzt komm bitte deinen Verpflichtungen nach. Hier vor den Leuten wird nicht weiter diskutiert. Zieh dich um, setz eine freundliche Miene auf, und dann sehen wir weiter."

Doch der Vater ist ein demütiger Mensch. Er befiehlt dem Sohn nicht hereinzukommen, sondern er bemüht sich zu ihm nach draußen. Er bittet ihn, ja fleht ihn geradezu an. Denn der Vater liebt den älteren Sohn nicht weniger als den jüngeren. Er öffnet ihm sein Herz und macht sich verletzlich.

Der bittere Sohn (Lukas 15,29-30)

Der ältere Sohn jedoch hat für eine solche Reaktion nur Verachtung übrig. Im Gespräch mit dem Vater zeigt sich das wahre Ich dieses

Menschen. Seine Worte zeigen, was in ihm vorgeht. Nur äußerlich war er gehorsam gewesen und hatte dem Vater gedient. Und nur äußerlich war ihm die Rebellion fremd. Sein Temperamentsausbruch zeigt, dass er gar nicht anders empfand als sein Bruder. Vielleicht hat sogar der Charakter des Älteren mit dazu beigetragen, dass sich der Jüngere vom Hof machte. Der ältere Bruder verachtet seinen Vater. Das „Siehe" in Vers 29 („Jetzt hör mal zu!") zeigt, wie respektlos dieser Mann seinem Vater gegenüber empfindet. Seine Vorhaltungen kommen aus der Tiefe seiner Seele. Über all die Jahre haben sich diese bitteren Vorwürfe in ihm aufgestaut. Er wohnte zwar bei seinem Vater, aber nicht weil er ihn liebte. Seine Arbeit auf dem väterlichen Hof war nur Mittel zum Zweck. Es ging ihm darum, seine eigene Interessen durchzusetzen. Vater und Sohn teilten ein gemeinsames Haus, aber das Herz des Sohnes war ganz woanders. „Dieser da, dein Sohn" sagt er verachtungsvoll über seinen Bruder, den er sich weigert, „Bruder" zu nennen. Er hat ihn längst abgeschrieben, aus seinem Herzen verbannt – und aus seinem Leben.

Ohne es selbst zu merken, ist dieser Mann seinem jüngeren Bruder sehr ähnlich. Der Ältere ist genauso selbstbezogen. Es geht ihm darum, den eigenen Willen durchzusetzen. Sein Vater, und was in dessen Herzen vorgeht, ist ihm egal. Bitterkeit hat sich in ihm angestaut, Bitterkeit darüber, was der Vater versäumt hat, für ihn zu tun. Er empfindet sich als Diener, als Sklave seines eigenen Vaters. „Soviele Jahre diene ich dir!" Was es bedeutet, Sohn zu sein, scheint ihm nie klar gewesen zu sein. Jetzt steht er da, vor seinem Vater, und wir sehen ihn so, wie er wirklich ist: Der Älteste ist genauso ein Rebell wie sein jüngerer Bruder. Er war zu Hause, doch im Herzen weit weg. Er ist nicht weniger verloren als der andere.

Welch ein treffendes Bild für die Selbstgerechten und Religiösen! Respektiert von den Menschen, geachtet von allen, und doch weit weg vom Vaterhaus – vielleicht noch weiter als der verlorene Sohn im Schweinestall.

Ausgang offen (Lukas 15,31-32)

Der Vater bleibt bei seiner gnädigen Einstellung, trotz des Temperamentsausbruchs seines Sohnes. Ein normaler Vater wäre verletzt und wütend gewesen. Doch dieser Vater ist anders. Er sagt, was ihm auf dem Herzen brennt: „Was hätten wir denn anderes tun können? Wir mussten doch feiern! Ich bin doch sein Vater, und ein Vater freut sich, wenn der Sohn nach Hause kommt. Hätte ich mich nicht gefreut, hätte ich mich selbst verleugnet.“ Der Vater sagt die Feier nicht ab. Er kann sie gar nicht absagen. Sie entspricht seiner Gnade. Sie ist ein Ausdruck seiner Freude über die Heimkehr des Verlorenen.

Und auch der himmlische Vater sagt keine Feier ab. Auch sein Herz schmerzt, wenn jemand verloren geht. Gott „will, dass alle Menschen gerettet werden und zur Erkenntnis der Wahrheit kommen“ (1.Timotheus 2,5). Die Welt besteht noch, weil Gott langmütig ist und „nicht will, dass jemand verlorengehe, sondern dass jedermann Raum zur Buße habe“ (2.Petrus 2,9). Es macht für Gott keinen Unterschied, ob ein sündiges Kind irgendwo im Ausland „einen draufmacht“, oder ob es sich im heimischen Gefilden aufhält, vielleicht sogar zu Hause wohnt. Ein Sünder, der nach Hause kommt, wird mit offenen Armen empfangen. Und dann wird gefeiert! Der Umgang Jesu mit den Zöllnern und Sündern (Lukas 15,1-2) ist ein Bild für den Umgang Gottes mit den Menschen. Gleich einer Ellipse hat dieses Gleichnis zwei Brennpunkte: die Gottheit Jesu Christi und die Gnade seines Vaters im Himmel.

Merkwürdigerweise ist der Ausgang der Geschichte offen. Sie hat kein Ende. Kommt der ältere Sohn nun mit ins Haus oder nicht? Wir wissen es nicht. Auch für die Pharisäer – und für uns – ist der Ausgang offen. Wenn wir den gnädigen Umgang des Vaters mit den Sündern ablehnen oder kritisieren, treffen wir uns selbst, denn auch unsere Gemeinschaft mit Gott beruht allein auf seiner Gnade. Solange die Pharisäer das nicht sahen, und solange sie wütend waren über die Gnade, mit der Jesus den Sündern begegnete, standen sie außerhalb des Hauses Gottes.

Leider besteht für den Menschen die schreckliche Alternative, auf dem väterlichen Gut als Diener die Feldarbeit zu verrichten, ohne wirklich in seinem Haus als Sohn oder Tochter zu wohnen. Ein Mensch mag noch so „anständig“ leben; wenn er den liebenden und gnädigen Vater nicht kennt, ist er nicht besser als der ältere Bruder.

Doch auch diesem Menschen gilt die Aufforderung des Vaters: „Komm herein!"

Oder wir befinden uns irgendwo im Ausland, fern der Heimat und verschwenden das, was uns der Schöpfer anvertraut hat. Vielleicht sind wir mit den Finanzen am Ende, vielleicht leiden wir unter Entbehrungen. Wir sind im Schweinestall und zweifeln daran, dass wir jemals wieder ins Vaterhaus zurückkommen. Doch auch den Verzweifelten ruft Gott zu: „Komm nach Hause!"

Wo wir uns auch befinden, immer gilt: Was wir von Gott wissen, zeigt sich in dem, wie wir uns selbst sehen, und wie wir mit den Verlorenen umgehen. Gottes Herz trauert über jeden verlorenen Sünder, und Er freut sich über jeden, der nach Hause kommt. Wie gut wir Gott kennen, wird sich daran erweisen, dass uns das schmerzt, was Ihn schmerzt – und das Freude bereitet, was Ihm Freude bereitet.

~ 2 ~
Den Nächsten lieben

Ich erinnere mich noch gut an den Sommer des Jahres 1988, als der Film „Die letzte Versuchung Jesu Christi" für Diskussionen sorgte. Viele Christen beklagten sich darüber (zu Recht, wie ich finde), dass dieser Film ein vollkommen verzerrtes Bild Jesu Christi zeigte. Es ging in diesem Zusammenhang nicht nur um jene berüchtigte Traumszene, in der eine sexuelle Versuchung mit Bildern gefüllt wurde, sondern auch darum, dass Jesus durchgängig als „Messias ohne Mission" dargestellt wurde, als ein Mann voller Selbstzweifel und Unsicherheiten. Der Regisseur, Martin Scorsese, wurde hingegen nicht müde, darauf hinzuweisen, dass diese Kritik dem Film nicht gerecht werde. Es handle sich schließlich nicht um eine Geschichte für bibeltreue Christen, sondern die Zielgruppe seien Menschen, die offen für neue und unkonventionelle Interpretationen seien. Das Publikum solle endlich begreifen, dass „Die letzte Versuchung Jesu Christi", so unorthodox der Film sein möge, vor allem eine Botschaft habe: dass es Jesus in seinem ganzen Leben nur um eins gegangen sei – die Liebe.

Das Problem bestand jedoch nicht nur darin, dass Scorsese die Bibel nicht wörtlich nahm. Tragischerweise nahm er sie nicht einmal ernst. Er zeigte in seinem Film einen Jesus, wie er nie existierte. Wahrscheinlich lag es daran, dass sein Film nicht auf den Evangelien, sondern auf der blühenden Fantasie des Autors Nikos Kazantzakis beruhte. Aber nehmen wir einmal für einen Moment lang an, Scorsese habe Recht gehabt, und die Botschaft Jesu sei tatsächlich „die Liebe" gewesen. Was bedeutet Liebe, wie definiert sie sich? Joseph Fletcher, Vorreiter der „Neuen Moral", schreibt in seinem Buch *Situation Ethics* (Situationsethik), Liebe sei das einzige Kriterium für Moral. Einer seiner Kritiker bemängelte, Fletcher benutze das Wort geradezu inflationär. Der Begriff „Liebe" geistere wie ein „aufgescheuchtes Huhn" durch das Buch. Überall auf der

Welt ist von Liebe die Rede, doch das Wort selbst ist kaum zu fassen. Liebe ist billig geworden. Verführer sprechen von Liebe, Werbeprofis ebenso. Doch auch Eheleute lieben einander – oder Eltern, die sich für ihre Kinder aufopfern.

Wer würde bezweifeln, dass Liebe tatsächlich im Zentrum der Botschaft Jesu stand? Das Gleichnis vom verlorenen Sohn ist die Geschichte der Liebe Gottes zu uns Sündern, und es handelt sich dabei um eine Liebe, die wir weitergeben sollen. Alle vier Evangelien fordern uns auf, Gott zu lieben und unseren Nächsten wie uns selbst. Martin Luther hat einmal gesagt, dass ein Christ außerhalb seiner selbst lebt. „Durch den Glauben lebt er in Christus, und durch die Liebe lebt er in seinem Nächsten." Aber Jesus lehnt es ab, aus der Liebe eine sentimentale Angelegenheit zu machen. Er hat vorgelebt, was es heißt zu lieben, und er beschreibt das Wesen der Liebe in einer der bewegendsten Beispielgeschichten, die je zu diesem Thema erzählt wurden: dem Gleichnis vom barmherzigen Samariter. Wir finden es im zehnten Kapitel des Lukasevangeliums. Oft wird der Bezugsrahmen dieser Geschichte völlig vernachlässigt. Doch wir können die Botschaft des Herrn nur dann richtig verstehen, wenn wir den Hintergrund beachten, vor dem sie erzählt wurde:

> Und siehe, ein Gesetzesgelehrter trat auf, versuchte ihn und sprach: Meister, was muss ich tun, um das ewige Leben zu erben? Und er sprach zu ihm: Was steht im Gesetz geschrieben? Wie liest du? Er aber antwortete und sprach: „Du sollst den Herrn, deinen Gott, lieben mit deinem ganzen Herzen und mit deiner ganzen Seele und mit deiner ganzen Kraft und mit deinem ganzen Denken, und deinen Nächsten wie dich selbst!" Er sprach zu ihm: Du hast recht geantwortet; tue dies, so wirst du leben! Er aber wollte sich selbst rechtfertigen und sprach zu Jesus: Und wer ist mein Nächster? (Lukas 10,25-29)

Als ich zehn Jahre alt war, erlaubten mir meine Eltern zum ersten Mal, in den Sommerferien auf ein Zeltlager zu fahren. Der jüngste Teilnehmer in unserem *Summer Camp* war klein – geradezu winzig klein – und schwach. Grausam, wie Kinder nun einmal sein können, machten wir ihm das Leben schwer. Unser Lagerleiter, ein weiser alter Mann von bestenfalls 18 Jahren, griff dann irgendwann ein und machte uns älteren Quälgeistern einen Vorschlag: „Hört endlich auf, immer zu behaupten, Jimmy sei ein Schwächling. Wir machen jetzt einmal Folgendes, und wer nicht mitmacht, ist ein Feigling. Jimmy darf jedem von euch einmal in den Magen boxen, so fest er kann. Anschließend darf dann jeder von euch mich in den Magen boxen, so fest er kann! Wer macht mit?" Während die anderen Jungen auf einmal sehr schweigsam wurden, war ich von dem Vorschlag begeistert. Der kleine Jimmy war in meinen Augen solch ein elender Schwächling, dass er es noch nicht einmal schaffen würde, ein rohes Ei aufzuschlagen. Ich hingegen hatte schon Muskeln und würde Chuck, unseren Lagerleiter, zu Boden schlagen.

Es kam ein bisschen anders. Als Jimmy mir mit einem unübersehbaren Grinsen in den Magen boxte, dachte ich, ich würde sterben. Alles Anspannen der Muskeln half nichts. Ich krümmte mich auf dem Rasen und kam erst nach einigen Minuten wieder hoch. Das sollte Chuck büßen. Er stellte sich vor mir auf, spannte seine Bauchmuskeln an, und ich schlug zu. Einen Moment lang befürchtete ich, ich hätte mir die Hand gebrochen. Chuck grinste nur. Ich hielt mir die Hand, hüpfte auf einem Bein im Kreis herum und zog dann wie ein begossener Pudel davon – genauer gesagt: wie ein nachhaltig in seinem Stolz getroffener Zehnjähriger.

Ich muss immer an diese Begebenheit denken, wenn ich die Gleichnisse Jesu lese. Ich habe den Eindruck, sie haben eine ganz ähnliche Wirkung: Wir fühlen uns an unserem wundesten Punkt getroffen. Und wir haben etwas mit auf den Weg bekommen, worüber wir noch lange nachdenken können. Der Schriftgelehrte, der unseren Herrn auf die Probe stellen wollte, hatte bestimmt nicht erwartet, dass Jesus den Spieß auf diese Weise umdrehen würde. Und auch er hat mit Sicherheit jede Menge Stoff zum Nachdenken mit auf den Weg bekommen.

Die Frage, die alles entscheidet

Wer war dieser „Gesetzeslehrer"? Genau genommen war er eine Art Jurist. Doch es handelt sich bei dem Gesetz, von dem hier die Rede ist, nicht um das Recht der römischen Besatzungsmacht, sondern um das jüdische Gesetz, die Tora. Das heißt, der Gesetzeslehrer war eher Theologe als Rechtsanwalt. Und was er vorhatte, ist ganz offensichtlich: Er wollte Jesus eine Falle stellen. Wir haben es also hier nicht mit einem ernsthaft Interessierten zu tun, sondern mit einem Gegner Jesu, dem es darum ging, einen intellektuellen Sieg davonzutragen. Der Gesetzeslehrer steht dabei für die gesamte religiöse Elite der damaligen Zeit, die ihren Einfluss schwinden sah, weil der Rabbi aus Nazareth immer mehr Zulauf bekam.

Mag seine Motivation auch unlauter gewesen sein, die Frage, die der Schriftgelehrte stellt, ist lebenswichtig: „Meister, was muss ich tun, um das ewige Leben zu erben?" Dahinter steckt der Gedanke: Das ewige Leben erhält, wer etwas „tut", wer also gut lebt. Man verdient es sich. Errettet wird man auf der Grundlage guter Taten.

Ich finde es sehr interessant, dass Jesus nicht sofort die Theologie dieses Mannes zurecht rückt und ihm klar macht: Nein, Errettung geschieht nicht aufgrund von Werken. Sie ist ein Geschenk, reine Gnade, also unverdient. Stattdessen gibt Jesus die Frage zurück und verweist den Gesetzeslehrer an die Quellen. Er kennt sich ja im Gesetz und in den Propheten aus, also fragt Jesus ihn: „Was steht im Gesetz geschrieben? Wie liest du?" Und schon wird der Fragesteller zum Befragten, der Jäger zum Gejagten. Die Rollen sind auf einmal vertauscht.

Die Frage des Schriftgelehrten ist die Frage aller Fragen. Es ist eine Frage auf Leben und Tod. Und so zitiert der Gesetzeslehrer das Herzstück des Alten Testaments – jene Stelle, die zeigt, worauf es im Leben eines jeden Menschen ankommt: „Du sollst den HERRN, deinen Gott, lieben mit deinem ganzen Herzen und deiner ganzen Seele und mit deiner ganzen Kraft." Und dann ergänzt der Schriftgelehrte dieses Gebot durch einen Verweis auf 3. Mose 19,18, wo es heißt: „Du sollst deinen Nächsten lieben wie dich selbst."

Diese Antwort ist durchaus genial. Der Vers aus dem 5. Buch Mose ist das Zentrum der hebräischen Bibel. Es ist das Gebot, das die ungeteilte Hingabe an den Bundesgott Jahwe fordert. Die zweite Stelle, 3. Mose 19,18 stellt den Menschen vor die Heiligkeit des dreieinigen Gottes und zeigt den Willen des Herrn für sein Volk.

Die Antwort des Gesetzeslehrers ist genau die Antwort, die Jesus selbst einem seiner Kritiker gab. Wir finden die Stelle in Matthäus 22,34-40. Die Zusammenschau der beiden Verse zum Doppelgebot der Liebe findet sich an keiner Stelle der rabbinischen Tradition, weshalb die Vermutung nahe liegt, dass der Schriftgelehrte hier genau das wiederholt, was er selbst einmal von Jesus gehört hat: Es geht beim Glauben nicht um die Einhaltung ritueller Gebote. Es geht um eine Herzenshaltung, um eine Beziehung des Menschen zu Gott. Und diese Beziehung hat dann Auswirkungen auf die Beziehung zu unseren Mitmenschen.

Jesus geht auf die Antwort des Gesetzeslehrers ein. Sie war völlig korrekt: „Du hast recht geantwortet; tue dies, so wirst du leben." Doch der Gesetzeslehrer ist nicht zufrieden. Er hat nun ein Problem. Er wollte eine Liste mit Vorschriften haben, die er einhalten und „abhaken" konnte. Doch was tut Jesus? Er verweist ihn auf die Bedeutung einer persönlichen Gottesbeziehung, die sich folgerichtig im persönlichen Leben auswirkt: Ewiges Leben erbt, wer in einer Beziehung zum Schöpfer lebt.

Das Gespräch hat sich weiterentwickelt. Es ist nun nicht mehr ein bloßer intellektueller Gedankenaustausch, ein Hin und Her von Argumenten. Das Gespräch ist ins Persönliche vorgedrungen. Der Fragesteller steht nun im göttlichen Licht. Er fühlt sich in die Defensive gedrängt. Es heißt: „Er aber wollte sich rechtfertigen." Mit Sicherheit hat der Mann die Dynamik des Doppelgebotes der Liebe sofort erkannt. Er merkt: Hier geht es um mehr als um die Einhaltung von Vorschriften. Wäre er ehrlich gewesen, hätte er an diesem Punkt zugegeben: „Genau hier liegt mein Problem. Ich schaffe es nicht, Gott und meinen Nächsten zu lieben. Was soll ich tun? Ich brauche Hilfe!"

Doch der Mann wagt es nicht, seine innere Not zuzugeben. Und so sucht er nach einem Ausweg und flüchtet sich in ein Ablenkungsmanöver. Angriff ist die beste Verteidigung. Weißt du die Antwort nicht, stelle eine Gegenfrage: „Wer ist denn mein Nächster?" Es ist eine Frage, die uns – unabhängig davon, dass der Schriftgelehrte sie als Ablenkungsmanöver benutzt – vor ein schwieriges ethisches Problem stellt. Denn wenn ich weiß, wer mein Nächster ist, weiß ich auch, wer nicht mein Nächster ist – und Menschen dieser Kategorie brauche ich dann auch nicht zu lieben. Oder soll ich etwa jeden Menschen lieben? Irgendwo muss es doch eine Grenze geben! Die jüdischen Gelehrten hatten sich mit dieser Problematik ausgiebig befasst. Sie hatten festgestellt, dass sich die Stelle in 3. Mose 19,18 auf Angehörige des jüdischen Volkes bezog. Mit dem „Nächsten" war mein Bruder gemeint, mein Glaubensgenosse, mein Mit-Hebräer.

Einige Rabbis hatten die Grenze etwas weiter gezogen und behauptet, auch ein Proselyt sei ein Bruder, ein Samariter oder Ausländer jedoch nicht. Andere Rabbis waren sehr radikal in ihrer Auslegung. Joachim Jeremias sagt in seinem Buch über die Gleichnisse Jesu: „Es gab eine rabbinische Vorschrift, die forderte, Häretiker, Spione und Abtrünnige in eine Grube zu werfen und nie wieder herauszuholen".[1] Und die Essener gingen sogar soweit zu fordern, dass ihre Gemeinde alle „Söhne der Finsternis" hassen sollte, was sich auf alle Nicht-Essener, also auch auf andere Hebräer bezog.

Wir empören uns heute über eine solche Ausgrenzungs-Theologie, aber es gibt sie noch immer. Noch immer werden Menschen anderer Zugehörigkeit nicht als Menschen wahrgenommen. Die Zeitungen sind voll von Berichten über irgendwelche Opfer, die von ihren Mitmenschen ignoriert werden. Wir leben in einer Welt voller Not und Elend. Wir sind umgeben von Traumatisierten, Obdachlosen, Hungernden. Wo sind die Grenzen unserer Liebe? Inwieweit sind wir verantwortlich? Für wen? Wer ist mein Nächster? Wen muss ich lieben? Wen nicht? Unsere Welt voller Not braucht nichts mehr als zupackende Anteilnahme. Und die Frage des Schriftgelehrten schreit nach einer Antwort. Jesus gibt sie uns, doch nicht in Form eines Lehrvortrags, sondern in Form des mittlerweile weltbekannten Gleichnisses vom Barmherzigen Samariter.

Liebe in Aktion: Der barmherzige Samariter

> Da erwiderte Jesus und sprach: Es ging ein Mensch von Jerusalem nach Jericho hinab und fiel unter die Räuber; die

1 Joachim Jeremias. *Rediscovering the Parables*, Seite 159.

zogen ihn aus und schlugen ihn und liefen davon und ließen ihn halb tot liegen, so wie er war. Es traf sich aber, dass ein Priester dieselbe Straße hinabzog; und als er ihn sah, ging er auf der anderen Seite vorüber. Ebenso kam auch ein Levit, der in der Gegend war, sah ihn und ging auf der anderen Seite vorüber. Ein Samariter aber kam auf seiner Reise in seine Nähe, und als er ihn sah, hatte er Erbarmen; und er ging zu ihm hin, verband ihm die Wunden und goss Öl und Wein darauf, hob ihn auf sein eigenes Tier, führte ihn in eine Herberge und pflegte ihn. Und am anderen Tag, als er fortzog, gab er dem Wirt zwei Denare und sprach zu ihm: Verpflege ihn! Und was du mehr aufwendest, will ich dir bezahlen, wenn ich wiederkomme. (Lukas 10,30-35)

Raubüberfälle begegnen uns heute fast täglich in den Nachrichten. Sie gehörten auch zum Alltag des ersten Jahrhunderts, insbesondere auf dem so genannten „Blutweg“, dem kurzen, aber sehr gefährlichen Abstieg von Jerusalem nach Jericho. Die enge Passage überwand auf einer Strecke von gut 20 Kilometern einen Höhenunterschied von mehr als 1000 Metern. In der kahlen, unwirtlichen Gegend tummelten sich Räuberbanden. Alleinreisende waren in biblischen Zeiten immer gefährdet. Auf dieser Strecke jedoch war es besonders gefährlich. Als Jesus die Geschichte erzählte, konnte er sicher sein, dass seine Zuhörer über diese Zusammenhänge Bescheid wussten. Alle kannten diese Gegend und wussten um die Gefahren.

Jesus malt den Überfall selbst nicht weiter aus. Irgendwo in der felsigen Gegend wird ein Reisender, mit ziemlicher Sicherheit ein Jude, von einer Bande Wegelagerer überfallen. Der Mann wird nicht nur ausgeraubt, sondern übel zusammengeschlagen. Schließlich liegt er blutend und seiner Kleidung beraubt am Wegesrand. Sein Leben hängt an einem seidenen Faden. Dann taucht ein Priester auf. Priester wurden damals abwechselnd zum Dienst im Tempel eingeteilt. Die meisten von ihnen lebten außerhalb Jerusalems, viele in Jericho. Da von einem „hinabziehen“ die Rede ist, liegt die Vermutung nahe, dass der Mann aus Jerusalem kam und auf dem Weg nach Jericho war. Gut möglich, dass er gerade von einem solchen Tempeldienst nach Hause kam. Vielleicht hatte er auch irgendeine andere Aufgabe zu verrichten, zum Beispiel vor dem Altar zu beten. Nun trifft er auf der einsamen Straße auf einen seiner Brüder, einen Mitjuden, der kurz davor ist, sein Leben auszuhauchen. Instinktiv wechselt der Priester auf die andere Straßenseite.

Warum er dies tat, sagt Jesus nicht. Aber die Gründe sind nicht schwer zu erraten. Der Reisende war ein Priester, und für Priester galt: Jeglicher Kontakt mit Toten verunreinigte sie (vgl. 3. Mose 21,1-4). Und das Opfer würde möglicherweise jeden Moment in diese Kategorie fallen. Der Priester hatte bereits eine geraume Zeit außerhalb seiner Heimatstadt zugebracht, und er wusste, dass die dann benötigte rituelle Reinigung teuer und zeitaufwendig sein würde. Eine Berührung mit einer Leiche hätte bedeutet, dass er nach Jerusalem hätte zurückkehren müssen. Damit wären sämtliche Pläne für die nächsten Tage nichtig geworden. Ganz abgesehen von den weiteren Folgen, die es mit sich bringen würde, wenn er sich hier „einmischen" würde.

Wie gesagt, ob die Gedanken des Priesters in diese Richtung gingen, bleibt unklar. Jesus sagt nichts über seine Motivation. Aber die Angst, sich zu verunreinigen und Probleme zu bekommen, wenn man sich einmischt, können die meisten von uns nachvollziehen. Wer sich auf „problematische Leute" einlässt, merkt oft erst hinterher, was dies alles nach sich ziehen kann. Gut fühlt es sich nicht an, auf die andere Straßenseite zu wechseln, aber zumindest sicher. Vielleicht hat der Mann auch gedacht: „Bin ich Priester oder Arzt? Sollen doch andere, besser Qualifizierte sich des Problems annehmen."

Der nächste Mann auf der Straße nach Jericho ist ebenfalls ein Geistlicher, ein Levit. Die Leviten spielten eine wichtige Rolle beim Tempeldienst, wenn ihnen auch der direkte Dienst am Altar verwehrt war. Der Levit reagiert nicht anders als der Priester. Auch über seine Motive wissen wir nichts. Hatte er möglicherweise Angst um seine eigene Sicherheit? Vielleicht waren die Räuber ja noch in der Nähe, irgendwo hinter einem Felsen versteckt und warteten nur auf das nächste Opfer. Fürchtete auch er sich vor Verunreinigung oder einer Berührung? Wir wissen es nicht. Jedenfalls heißt es im Text, dass auch der Levit die Straßenseite wechselte.

Wir sollten diese beiden Männer nicht vorschnell verurteilen. Sie waren nicht böse; sie waren beschäftigt. Menschen in Not waren für die beiden – und oft gilt das auch für mich – zunächst eimal eine lästige Unterbrechung. Sie passen nicht in den Zeitplan, sie lenken ab, von meiner Arbeit, meiner Verantwortung, meiner Freizeit. Ich weiß, dass sie irgendwann einmal Hilfe benötigen, aber bitte nicht hier und jetzt, und nicht durch mich. Ich muss meinen Zeitplan einhalten und meine „To-Do-Liste" abarbeiten.

Die Zuhörer Jesu waren spätestens jetzt ganz bei der Sache. Sie hatten die Geschichte verstanden.

Es gefiel ihnen, dass Jesus auf diese Weise die jüdische Geistlichkeit kritisierte. Sie hatten auch schon eine Vermutung, wie es weitergehen könnte. Jetzt kam bestimmt jemand, der es genau richtig machte, kein Priester, kein Levit, sondern ein Laie, einer wie du und ich. Die nächsten beiden Wörter müssen ihnen einen gehörigen Schrecken eingejagt haben: „Ein Samariter aber…" Wir kennen das Gleichnis unter der Überschrift „Der barmherzige Samariter." Aber so etwas gab es damals gar nicht. Es gab keine guten Samariter. Samariter waren damals so „barmherzig" wie es heute Hamas-Kämpfer für israelische Soldaten sind, Palästinenser für Juden, radikale Muslime für friedfertige Christen. Der Hass zwischen Samaritern und Juden war ohne Parallelen. Die Juden waren davon überzeugt, dass die Samariter den Tempel entweiht, die Tora befleckt und den Gottesdienst entweiht hatten. Rabbi Shimon Ben Jochai fasst die Haltung der jüdischen Gemeinde des ersten Jahrhunderts gegenüber den Samaritern mit folgenden Worten zusammen: „Sie haben kein Gesetz. Sie verachten sogar das, was ihnen davon geblieben ist. Sie sind allesamt verkommen". Diese Worte stammen aus dem Dritten Jahrhundert, aber sie treffen genau die Einstellung, die auch im Ersten Jahrhundert vorherrschte. Und die Samariter selbst waren den Juden gegenüber nicht minder feindlich gesinnt.

Der Kontrast, den Jesus herstellt, ist ganz bewusst gewählt, um die Zuhörerschaft aufzurütteln. Der Held der Geschichte ist tatsächlich ein Samariter. Er wechselt nicht die Straßenseite. Er kümmert sich nicht darum, was die großen geistlichen Vorbilder tun. Jesus will damit sicher nicht Partei ergreifen und die theologischen

Überzeugungen der Samariter unterstützen. Es geht ihm um die Haltung des Mannes, um sein Mitleid. Der Samariter sieht genau dasselbe, was die anderen sahen. Aber er empfindet anders: „Als er ihn sah, hatte er Erbarmen.“ Für einen Moment spielt die traditionelle Feindschaft keine Rolle mehr. Der Samariter wischt sie beiseite und hat nur noch Mitleid. Interessanterweise wird das griechische Wort für „Erbarmen“ im Neuen Testament ansonsten nur im Zusammenhang mit Jesus selbst benutzt. Denn Jesus ist das Erbarmen Gottes in Person.

Mitleid drückt sich in praktischer *Fürsorge* aus. Und so kümmert sich der Samariter um die Erstversorgung des Schwerverwundeten. Er verbindet ihn und behandelt die Wunden mit Öl und Wein. Verbandpäckchen gab es damals nicht. Wahrscheinlich hat der Samariter erst einmal seinen eigenen Umhang in Stücke gerissen. Dann legt er den Verletzten auf seinen Esel und führt das Tier mit dem Verletzten über die heiße, enge Straße bis zum nächsten Gasthaus. Auch diese Tat erfordert Mut. Es geht durch jüdisches Land, und ein Samariter mit einem verletzten Juden, den er quer über seinen Esel gelegt hat, könnte zu allerlei Missverständnissen führen. Für die Liebhaber des Westernfilms unter Ihnen: Stellen Sie sich einen Indianer vor, der mit einem skalpierten Cowboy nach Dodge City hineinreitet. Nicht viel anders muss es damals ausgesehen haben. Nachdem die beiden die Taverne erreicht haben, kümmert sich der Samariter weiter um den Verletzten. So sieht zupackende Liebe aus! Dieser Mann liebt nicht abstrakt, sondern ganz konkret.

Und er lässt sich die Versorgung etwas kosten. Das Opfer ist ein Fremder. Vielleicht werden sich die Beiden niemals kennenlernen. Das Opfer gehört einem anderen Volk und einer anderen Religion an. Doch das Erbarmen des Samariters führt dazu, dass ihm die Not des Mannes ans Herz gewachsen ist. „Verpflege ihn!“, sagt er zum Gastwirt. „Und was du mehr aufwendest, will ich dir bezahlen, wenn ich wiederkomme (Lukas 10,35). Dass das Opfer ihn jemals hierfür entschädigen wird, ist kaum anzunehmen. Der Samariter tut, was er tut, aus Liebe und aus freien Stücken.

Liebe in der Praxis: Worum es wirklich geht

> „Welcher von diesen dreien ist deiner Meinung nach nun der Nächste dessen gewesen, der unter die Räuber gefallen ist?", fragt Jesus. Der Schriftgelehrte antwortete: „Der, welcher die Barmherzigkeit an ihm geübt hat!" Da sprach Jesus zu ihm: „So geh du hin und handle ebenso!" (Lukas 10,36-37)

Mit dieser Frage des Herrn hört das Gleichnis auf – und fängt der „Lehrtext" an. Mit wenigen Worten stellt Jesus eine Frage, die nur auf den ersten Blick wie eine einzige aussieht. Sie enthält mehrere Aspekte, und jeder einzelne verdient unsere Aufmerksamkeit.

Wer ist mir der Nächste?

Die Frage, die der Herr beantwortet, ist die Frage, die ihm von dem Gesetzesexperten gestellt wurde, und die zur Erzählung des Gleichnisses geführt hatte: „Wer ist mein Nächster?" Die Antwort ist klar: Mein Nächster ist nicht nur mein Mitjude, mein Bruder in der Synagoge, mein Glaubensgenosse. Mein Nächster ist die Person neben mir, die Hilfe braucht, der Mensch, der alleine nicht mehr weiter weiß. Mein Nächster ist unter Umständen – rein menschlich gesprochen – mein ärgster Feind. Wäre der jüdische Reisende bei vollem Bewusstsein gewesen, hätte er unter Umständen das Wasser, das der Samariter ihm gereicht hat, wieder ausgespuckt. Mein Nächster ist mein theologischer Gegner, jemand, mit dem ich mich über bestimmte dogmatische Fragen nicht einigen kann. Mein Nächster ist der Unbekannte an meiner Tür, der mit einer blutenden Wunde um Hilfe bittet. Das kann Zeit kosten, und es kann Geld kosten, und ich sollte nicht davon ausgehen, dass mir meine Auslagen erstattet werden. Unseren Nächsten begegnen wir zufällig. „Es traf sich aber ..." heißt es im Text (10,31). Nicht wir treffen die Entscheidung, ob und wo. Sie wird uns abgenommen.

Folgt aus dem Gleichnis nun, dass theologische und dogmatische Unterschiede unwichtig sind? Nein, dies wäre eine Fehlinterpretation und würde dem Kontext von Lukas 10 (Verse 8 bis 16) widersprechen. Es geht nicht darum, dass wir „alle Gottes Kinder" und damit „alle

Brüder" wären. Nicht jeder ist mein Bruder, aber jeder ist mein Nächster. Es geht nicht darum, den Nächsten zu definieren, sondern für ihn zu sorgen.

Wem bin ich der Nächste?

Aber es gibt noch einen weiteren wichtigen Aspekt. Sehen wir uns einmal genau an, wie Jesus in Vers 36 den Spieß umdreht, und die Frage des Schriftgelehrten anders stellt: „Welcher von diesen dreien ist deiner Meinung nach nun der Nächste dessen gewesen, der unter die Räuber gefallen ist?"

Wörtlich übersetzt muss es heißen: „Welcher dieser drei ist ihm der Nächste geworden?" Jesus verschiebt also den Schwerpunkt. Es geht nicht darum, wer der Nächste ist, sondern wer ein Nächster wird. Der Schriftgelehrte antwortet korrekt, wenn er auch das Wort „Samariter" nicht in den Mund nimmt: „Der, welcher die Barmherzigkeit an ihm geübt hat!"

Die Frage ist also nicht nur: „Wer ist mein Nächster?", sondern auch: „Wem bin ich der Nächste – und was ist meine Pflicht und Schuldigkeit ihm gegenüber?" Es geht nicht darum, dass Wort „Nächster" zu definieren, sondern ein Nächster zu werden, der es nicht mitansehen kann, wenn ein anderer Nächster leidet. Alle drei Beteiligten sahen genau dasselbe (10,31-33), aber nur einer von ihnen empfand Mitleid. Die Frage ist, ob ich erst einmal durchrechne, was mein Einsatz kostet, oder ob ich meinem Gewissen folge und zupacke. Dem Schriftgelehrten geht es um sich selbst. Gott geht es darum, unsere Schritte zum Nächsten zu lenken.

Ich hörte zu diesem Thema einmal eine Geschichte, die mich sehr bewegt hat. Sie handelt von einem jungen Mann, Bob, dem sein Bruder ein ganz besonderes Weihnachtsgeschenk gemacht hatte: einen funkelnagelneuen roten Ferrari. Als Bob das Auto am Heiligen Abend vor seinem Bungalow abstellen wollte, fiel ihm vor der Einfahrt ein Junge auf, der mit großen Augen den Wagen anstarrte. Bob bremste ab und lächelte ihn an. „Wow, Mister", sagte der Junge. „Ist das Ihr Ferrari?" – „Ja, das ist mein Weihnachtsgeschenk. Ich habe ihn von meinem Bruder bekommen, gerade gestern." Der Junge staunte nicht schlecht. „Einen Ferrari zu Weihnachten?! Von

Ihrem Bruder?" – „Ganz genau", antwortete Bob. Der Junge schaute ein wenig traurig und sagte dann leise: „Ich wünschte, ich ...". Bob stellte den Motor ab, um den Rest des Satzes hören zu können. Er konnte sich schon denken, was der Junge sagen würde. Aber was er dann tatsächlich sagte, überraschte ihn: „Ich wünschte, ich könnte auch ein solcher Bruder sein!"

„Oh ..." sagte Bob nachdenklich. Dann kam ihm eine Idee. „Willst Du mal mitfahren?", fragte er den Jungen. „Na klar, wenn ich darf." Und schon war er eingestiegen. „Mister, könnten Sie mir einen großen Gefallen tun? Wir wohnen da hinten an der Ecke, ob Sie da kurz anhalten könnten?" Bob tat es gerne. „Der Junge will wohl ein bisschen angeben", dachte er. Aber es ging um etwas ganz anderes. Mit Riesenschritten rannte der Junge ins Haus, hoch ins erste Stockwerk. Nach wenigen Minuten kam er wieder die Treppe herunter. Er trug seinen behinderten kleinen Bruder, der die Hände fest um seinen Brustkorb geschlungen hatte. Erst jetzt sah Bob, dass dem Jungen beide Beine fehlten. „Schau mal, Johnny. Das ist der Mann mit dem Ferrari. Genau, wie ich es dir gerade erzählt habe. Er hat ihn von seinem Bruder zu Weihnachten bekommen. Und weißt du was? Wenn ich mal groß bin, kaufe ich dir auch einen Ferrari. Und dann fahre wir hier durch die Gegend und ich zeige dir all die Sachen, von denen ich dir erzählt habe."

Bob spürte einen Kloß im Hals, und es gelang ihm nur schwer, seine Tränen zurückzuhalten. Er stieg aus, hob den Kleinen auf den Rücksitz und fuhr dann mit ihm und seinen Bruder durch die Vorstadt. Noch nach vielen Jahren erzählte Bob, dass sein schönstes Weihnachtsgeschenk nicht der Ferrari war, sondern die Begegnung mit dem Jungen, der gesagt hatte: „So ein Bruder möchte ich auch mal sein."

Ersetzen wir das Wort „Bruder" durch „Nächster", und wir haben das Herzstück des Gleichnisses verstanden.

Es gibt einen dritten Aspekt, den das Gleichnis berührt. Es ist die Frage: Was ist Liebe? Liebe ist kein sentimentales Gefühl. Liebe ist aufopfernde Hingabe. Liebe lässt sich unterbrechen. Liebe gibt, auch Geld. Liebe riskiert den guten Ruf und das Eigentum, auch Fremden gegenüber. Liebe fragt immer nur eins: Was ist für den anderen das

Beste? Liebe fühlt Mitleid. Liebe kümmert sich, und zwar auf Dauer. Liebe hat ihren Ursprung in dem, der die Liebe ist, und nicht im Objekt der Liebe. Liebe geht auf den Nächsten zu; sie macht immer den ersten Schritt. Und wer liebt, lässt es sich etwas kosten, dem verletzten Mitmenschen zur Seite zu stehen.

Jesus geht in dem Gleichnis nicht näher darauf ein, und doch ist es wichtig, dass wir uns die Verbindung der beiden größten Gebote noch einmal vor Augen halten. Die Liebe zu Gott und die Liebe zum Nächsten sind untrennbar miteinander verbunden. Liebe zum Menschen fließt aus der Liebe zu Gott. Letztlich lag der Grund, warum der Priester und der Levit auf die andere Seite wechselten, darin, dass die Beiden nicht von der Liebe Gottes beherrscht und durchdrungen waren. Fehlendes Mitleid weist immer auf eine inneres Vakuum hin. Unsere Bereitschaft, auf unseren Nächsten zuzugehen, ist ein Gradmesser für die Liebe Gottes in uns. So sagt es der Apostel Johannes: „Wer aber die Güter dieser Welt hat und seinen Bruder Not leiden sieht und sein Herz vor ihm verschließt – wie bleibt die Liebe Gottes in ihm?“ (1. Johannes 3,17). Martin Luther soll einmal gesagt haben: „Es ist allein der Glaube, der gerecht macht, aber der Glaube bleibt nicht allein. Er ist nie ohne die Liebe. Wo keine Liebe ist, ist auch kein Glaube, nur Heuchelei.“ Christus hat der Welt das Recht gegeben, die Realität unseres Glaubens auf den Prüfstand zu stellen, indem sie die Realität unserer Nächstenliebe überprüft.

Noch ein weiteres schwingt in der Antwort des Herrn mit. Wenn er dem Schriftgelehrten sagt: „So geh du hin und handle ebenso“, berührt er damit auch eine Frage, die sich jeder Mensch in seinem Leben stellt: „Was fehlt mir?“ Insofern schließt sich der Kreis und der Pharisäer bekommt die Antwort auf seine ursprüngliche Frage: „Was muss ich tun, um das ewige Leben zu erben?“

Wenn nur der Mensch ewiges Leben erhält, der sich (so wie der Samariter) aus Liebe zu Gott und zum Nächsten aufopfert, gibt es für niemanden unter uns eine Hoffnung, denn „alle haben gesündigt und verfehlen die Herrlichkeit“ (Römer 3,23). Dem Theologen („Gesetzesexperten“) fehlt der Draht zu Gott. Er lebt nicht in Beziehung zu seinem Schöpfer. Der barmherzige Samariter hat noch einen weiteren Namen: Jesus Christus. Jesus hat sich die Liebe zu seinen Feinden alles kosten lassen. Er tat noch viel mehr als der menschliche Samariter: Er starb am Kreuz für die Schuld der Welt. Seine Liebe ist einzigartig im ganzen Universum, und es gibt keine Rettung ohne diese Liebe. Der Theologe brauchte keine Tipps, wie er durch sein Tun das ewige Leben erhalten konnte. Er brauchte die Vergebung. Er brauchte Jesus, den Messias.

Das Gleichnis vom barmherzigen Samariter lehrt uns, dass Nächstenliebe mehr ist als soziale Verantwortung. Nächstenliebe ist nur dem möglich, der in einer Beziehung zu seinem Schöpfer lebt. Nächstenliebe ist ein Gradmesser für die Liebe Gottes in uns.

Wenn Gott in unserem Leben wirkt, dann hat dies radikale Auswirkungen. Das Erfüllen bestimmter Gesetze und Regeln verschafft uns nicht das ewige Leben. Jesus Christus hielt die Regeln der Pharisäer nicht ein. Sie konnten ihm diesbezüglich manches vorwerfen und beschimpften ihn sogar als „Fresser und Weinsäufer". Aber eins konnte ihm niemand vorwerfen – und hat ihm auch niemand jemals vorgehalten: dass er die Menschen nicht lieben würde. Alles in seinem Leben zeigte, wie sehr er die Menschen liebte. Christi Liebe zu den Menschen spiegelte Christi Liebe zu seinem Vater im Himmel. Noch weit über dem Barmherzigen Samariter steht der Gute Hirte Jesus Christus selbst. Seinem Vorbild sollen wir folgen.

~ 3 ~
Dem Herrn danken

G.K. Chesterton war eine der eindrücklichsten Persönlichkeiten des frühen 20. Jahrhunderts. Chesterton war ein wahres Genie, vielseitig begabt, nicht nur als Romanautor, Kritiker und Dichter, sondern auch als Theologe und Verfasser spannender Detektivgeschichten. Gegen Ende seines Lebens begann er damit, seine Autobiografie zu schreiben. Er hatte es sich, wie er selbst schreibt, zur Aufgabe gesetzt, in einem einzigen Satz auszudrücken, was die wichtigste Lektion war, die er in seinem Leben gelernt hatte. Es fiel ihm gar nicht leicht, dieses selbst gesteckte Ziel zu erreichen. Doch nach mehreren Anläufen kam er zu folgendem Ergebnis: „Das Entscheidende im Leben ist, ob man alles wie selbstverständlich beansprucht, oder ob man es dankbar annimmt."[2]

Ich weiß nicht, welchen Platz diese Erkenntnis auf der Liste der „berühmtesten Zitate aller Zeiten" anführt, aber ich finde, er gehört ziemlich weit nach oben. Dankbarkeit ist das Öl in den zwischenmenschlichen Beziehungen, genauso wie ein Mangel an Dankbarkeit Beziehungen zerstört. Einige Menschen gehen durch das Leben, als hätten sie ein Recht darauf, dass ihnen nichts Unangenehmes widerfährt und alle Menschen freundlich zu ihnen sind. Ein solches Denken hat äußerst unangenehme Nebenwirkungen. Denn wer ständig Ansprüche an andere stellt, wird bald sehr einsam sein. Undankbare Menschen sind fast immer auch unglückliche Menschen.

Aber das Thema Dankbarkeit ist noch aus einem weiteren Grund von Bedeutung. Dankbarkeit ist ein Gradmesser für unsere Beziehung zu Gott. Dankbarkeit spiegelt wider, wie innig die Beziehung zu unserem Schöpfer ist. Ein undankbarer Mensch hat die Gnade Gottes entweder noch nicht erfahren, oder er hat sie noch nicht richtig verstanden.

---

2 *The critical factor in life is whether you take things for granted or take them with gratitude.*

Im Lukasevangelium erzählt Jesus eine Geschichte, die verdeutlicht, was die Dankbarkeit eines Menschen über die Qualität seiner Beziehung zu Gott aussagt:

Es bat ihn aber einer der Pharisäer, mit ihm zu essen. Und er ging in das Haus des Pharisäers und setzte sich zu Tisch. Und siehe, eine Frau war in der Stadt, die war eine Sünderin; als sie hörte, dass er in dem Haus des Pharisäers zu Gast war, da brachte sie ein Alabasterfläschchen voll Salböl, und sie trat hinten zu seinen Füßen, weinte und fing an, seine Füße mit Tränen zu benetzen; und sie trocknete sie mit den Haaren ihres Hauptes, küsste seine Füße und salbte sie mit der Salbe.

Als aber der Pharisäer, der ihn eingeladen hatte, das sah, sprach er bei sich selbst: Wenn dieser ein Prophet wäre, so wüsste er doch, wer und was für eine Frau das ist, die ihn anrührt, dass sie eine Sünderin ist!

Da antwortete Jesus und sprach zu ihm: Simon, ich habe dir etwas zu sagen. Er sprach: Meister, sprich!

Ein Gläubiger hatte zwei Schuldner. Der eine war 500 Denare schuldig, der andere 50. Da sie aber nichts hatten, um zu bezahlen, schenkte er es beiden. Sage mir: Welcher von ihnen wird ihn nun am meisten lieben? Simon aber antwortete und sprach: Ich vermute der, dem er am meisten geschenkt hat. Und er sprach zu ihm: Du hast richtig geurteilt!

Und indem er sich zu der Frau wandte, sprach er zu Simon: Siehst du diese Frau? Ich bin in dein Haus gekommen, und du hast mir kein Wasser für meine Füße gegeben; sie aber hat meine Füße mit Tränen benetzt und mit den Haaren ihres Hauptes getrocknet. Du hast mir keinen Kuss gegeben; sie aber hat, seit ich hereingekommen bin, nicht aufgehört, meine Füße zu küssen. Du hast mein Haupt nicht mit Öl gesalbt, sie aber hat meine Füße mit Salbe gesalbt. Deshalb sage ich dir: Ihre vielen Sünden sind vergeben worden, darum hat sie viel Liebe erwiesen; wem aber wenig vergeben wird, der liebt wenig.

Und er sprach zu ihr: Dir sind deine Sünden vergeben! Da fingen die Tischgenossen an, bei sich selbst zu sagen: Wer ist dieser, der sogar Sünden vergibt? Er aber sprach zu der Frau: Dein Glaube hat dich gerettet; geh hin in Frieden! (Lukas 7,36-50)

Oft werden die Gleichnisse Jesu einzeln gelesen und interpretiert. Unbestreitbar sind sie auch ohne Berücksichtigung des Kontextes sehr berührende Geschichten. Doch erst wenn man den Zusammenhang beachtet, erschließen sie sich dem Leser wirklich. Die im Lukasevangelium überlieferte Begebenheit fällt in die Anfangszeit des Auftretens Jesu in Galiläa. Jesus ist noch nicht lange bekannt, doch die Feindschaft gegen ihn nimmt ständig zu. Hatten die Pharisäer schon die Radikalität Johannes des Täufers in Frage gestellt, so begegneten sie Jesus mit ausgesprochener Feindschaft. Dem Täufer warfen sie seine merkwürdige asketische Lebensweise vor. Jesus verachteten sie als „Fresser und Weinsäufer“, als „Freund der Zöllner und Sünder“ (Lukas 7,34). Indem Lukas diese Vorwürfe im unmittelbaren Zusammenhang mit der Einladung Jesu durch den Pharisäer Simon berichtet, macht der Evangelist ein Doppeltes deutlich: Zum einen, dass Jesus sich tatsächlich in die Gemeinschaft der Sünder begibt, zum anderen, dass er mitnichten ein „Fresser und Weinsäufer“ war, sondern der Sohn Gottes.

Eine Sünderin salbt den Herrn (Lukas 7,36-39)

Warum mag Simon, der Pharisäer, Jesus zu sich nach Hause zum Essen eingeladen haben? Wir können über die Motive seiner Einladung nur spekulieren. Die jüdische Tradition sah es als ein verdienstvolles Werk an, Fremde zu beherbergen, insbesondere, wenn sie zuvor in der Synagoge das Wort ergriffen hatten. Vielleicht deshalb diese Einladung. Oder Simon war einfach nur neugierig und wollte Jesus einmal persönlich kennenlernen. Schließlich kam man an dem Mann aus Nazareth nicht mehr vorbei; alle Welt redete über ihn und „lief ihm nach“ (Johannes 12,19). Möglicherweise wollte sich der Pharisäer selbst ein Bild machen und seinen Amtsbrüdern zeigen, dass Jesus ein Lügner war und nicht hielt, was er versprach.

Eins ist klar: Simon übertrat in sträflicher Weise sämtliche damals gängigen Höflichkeitsgebote. Es war in biblischen Zeiten üblich, dass man sich mit einem Kuss begrüßte und seinem Gast zunächst die staubigen Füße waschen ließ (Lukas 7,44-46). Simon hatte auf beides verzichtet. Übertragen auf die heutige Zeit wäre das ungefähr so, als käme ich an einem kalten Winterabend zu Ihnen ins Haus, und Sie würden mir weder den Mantel abnehmen, noch mich hereinbitten und mir etwas Heißes zu Trinken anbieten. Wie würde ich mich in einer solchen Situation fühlen? Jedenfalls alles andere als willkommen!

Möglicherweise war die Unhöflichkeit des Pharisäers beabsichtigt. Vielleicht wollte er seinen Gästen zeigen, was er von Jesus hielt und dann deren Reaktion abwarten? Oder waren ihm die Begrüßungsrituale einfach nur entgangen? Dachte er vielleicht, er habe genug getan? Auch hier können wir über die Hintergründe nur spekulieren. Wir können jedoch mit Sicherheit davon ausgehen, dass die Atmosphäre bei Tisch nicht entspannt oder harmonisch war. Es lag etwas in der Luft. Vielleicht konnte man diese sogar „schneiden.“

Und Jesus ist mittendrin. Er, der Freund der Zöllner und Sünder, macht mit seinem Besuch deutlich, dass er nicht nur ein Freund der Zöllner und Sünder ist. Auch den Angesehenen und Selbstgerechten möchte Jesus ein Freund werden, denn sie brauchen das Evangelium nicht weniger.

Und so nimmt er die Einladung an, um Gottes Gnade auch ihnen zu verkündigen.

Ein Abendessen in einem jüdischen Haus des ersten Jahrhunderts lief ein wenig anders ab, als wir es heute gewohnt sind. In der Mitte des Raumes befanden sich die geladenen Gäste. Doch es wurde stets Platz gelassen für Arme und Bedürftige, die vielleicht zufällig vorbeikamen und auf Almosen (sprich: etwas zu essen) hofften. Und wer einfach nur zuschauen wollte, durfte auch das. Die Unbeteiligten saßen in einiger Entfernung an der Wand und beobachteten, was in der Mitte des Esszimmers vor sich ging. Es war insofern keine Überraschung, dass eine fremde Frau hinzukam. Und doch verebbte das Gespräch auf einmal, denn die Frau war stadtbekannt. Es war nicht nur eine Frau, sondern eine Frau, der ein gewisser Ruf vorauseilte. Ihr unmoralischer Lebenswandel war kein Geheimnis. Vielleicht war sie eine Ehebrecherin, vielleicht eine Prostituierte.

Übrigens dürfen wir diese Frau aus dem Lukasevangelium nicht mit der Maria aus Bethanien verwechseln, von der im Johannesevangelium berichtet wird. Es gibt Parallelen (die Salbung zum Beispiel), aber es gibt auch gravierende Unterschiede (vgl. Johannes 12,1-8). Die eine Begebenheit trug sich in Bethanien zu, die andere in Galiläa. Eine geschieht am Anfang der Wirksamkeit Jesu, die andere gegen Ende. Im Lukasevangelium haben wir es mit einer stadtbekannten Sünderin zu tun, im Johannesevangelium mit einem angesehenen Mitglied der Gesellschaft. Eine Sünderin wie die Frau im Lukasevangelium hätte unter normalen Umständen das Haus eines Pharisäers niemals betreten. Insofern ist die Spannung mit Händen zu greifen. Was wird nun als nächstes passieren?

Schlimm genug, dass diese Frau die Gesellschaft stört, schlimmer noch, dass sie einen Plan hat. Sie weiß offensichtlich, was sie tut. Nichts von dem, was geschieht, ist einer plötzlichen Laune geschuldet. Nein, die Frau war vorbereitet. Sie hat einen kleinen Krug mit Alabaster mitgebracht, eine überaus teure, wohlriechende Salbe, mit der man Könige salbte oder Verstorbene einbalsamierte. Wir wissen nicht, woher die Sünderin Jesus kannte. Ob und wie der Herr schon vorher auf ihre geistliche Not eingegangen war, entzieht sich unserer Kenntnis. Nun kommt sie zu ihm und möchte ihm ihre Dankbarkeit und Verehrung entgegenbringen. Als sie sich der Gruppe nähert und Jesus sie anschaut, wird sie von ihren Emotionen überwältigt und bricht in Tränen aus. Die Tränen tropfen auf die Füße des Herrn. Es ist ihr egal, was die anderen denken. Sie löst ihre Haare, trocknet damit die Füße Jesu und küsst sie immer wieder. Dann zerbricht sie die kleine Flasche, die sie mitgebracht hat und salbt Jesus mit dem Alabasteröl.

Im Zimmer kann man eine Stecknadel fallen hören. Was hier gerade geschehen ist, hat es noch nicht gegeben. Alle blicken auf die Frau, die unreine, sündige Frau, deren Berührung jeden Mann ebenfalls unrein macht. Wie kann sie es wagen, die Tischgemeinschaft der Männer zu stören? Heißt es nicht im Talmud, dass man eine Frau entlassen darf, wenn sie in der Gegenwart eines Mannes ihre Haare löst? Doch diese Frau löst nicht nur ihre langen Haare; sie berührt damit auch noch die Füße eines Mannes. Den Anwesenden fehlen die Worte. Stellen wir uns – auf die heutige Zeit übertragen – einmal vor, wir säßen sonntags im Gottesdienst, und auf einmal kommt eine spärlich bekleidete Frau herein. Wir erkennen an ihrem „Outfit" sofort, zu welchem Gewerbe sie gehört. Die „Sexarbeiterin" geht stracks nach vorne zum Altar, beugt sich zu den Füßen des Pastors und bekommt dann einen Weinkrampf. Wie würden wir reagieren?

Simon traut seinen Augen nicht. Der Pharisäer ist schockiert – schockiert, wie diese Frau ihren Emotionen freien Lauf lässt und schockiert über das, was sie tut. Doch was Simon noch weitaus mehr schockiert, ist die Reaktion Jesu. Jesus weist die Frau nicht nur nicht ab; er nimmt sie sogar an. Er ermutigt sie. Wie kann er dann ein Mann Gottes sein, ein Mann, der Weisheit und geistliche Einsicht besitzt? Wäre Jesus ein Prophet, müsste er doch wissen, um welche Sorte von Frau es sich handelt. Merkt er nicht, dass ihm gerade eine Sünderin die Füße trocknet?

Wahrscheinlich ging dem Pharisäer Simon Verschiedenes durch den Kopf. Vermutlich kreisten seine Gedanken um mindestens drei Dinge:

Erstens verachtet Simon diese Frau. Er weiß, dass sie eine Sünderin ist. Sie ist unrein, unwert, unwürdig. Sie hat sich all dies selbst zuzuschreiben, denn womit sie ihr Geld verdient, pfeifen die Spatzen von den galiläischen Dächern. Ein ehrbarer Mann hält sich fern von solchen Frauen.

Zweitens versteht der Pharisäer Jesus nicht. Irgendwie war Simon das Gefühl nicht losgeworden, dass Jesus mehr sein könnte als nur ein Mensch, vielleicht ein Prophet, vielleicht sogar noch mehr. Andererseits: Würde ein Prophet ein solches Verhalten billigen? Ein Prophet ist doch ein Mann Gottes, ein Mann mit einer ganz besonderen „Antenne" für Gott. Ein Prophet hätte eine ganz andere Art von Weisheit und „geistlichem Durchblick“ an den Tag gelegt. Simons gesamte Lebenserfahrung sagte ihm, dass Propheten Sündern aus dem Weg gehen.

Drittens steckt Simon voller Selbstgerechtigkeit. Sicher, wenn man ihm das Messer auf die Brust gesetzt hätte, hätte auch dieser Pharisäer zugegeben, ein Sünder zu sein. Wer wäre das nicht? Aber doch kein Sünder vom Ausmaß dieser Frau! Die Berührung durch einen Pharisäer machte schließlich niemanden unrein. Simons Sünde war von anderer Qualität als die der Frau. Er war ein kleiner Sünder, sie war eine große Sünderin, eine riesengroße sogar. Und wer das nicht merkte – wie zum Beispiel Jesus – der konnte kein Prophet sein.

Keine dieser Überlegungen ist Jesus entgangen. Die geheimen Gedanken des Pharisäers liegen wie ein offenes Buch vor ihm. Der Pharisäer war davon ausgegangen, dass sein Gast anscheinend nicht wusste, wer ihm da zu Füßen hockte. Simon irrt sich gewaltig. Jesus weiß nicht nur, wer die Frau ist. Er weiß auch, wer Simon ist. Und so erzählt er Simon ein Gleichnis, das ihm hilft, die Frau besser zu verstehen – und sich selbst gleich mit.

Wer liebt mehr? (Lukas 7,40-43)

Die Geschichte, die der Herr erzählt, ist kurz und leicht verständlich. Zwei Männer haben sich verschuldet. Der eine schuldet seinem Gläubiger 500 Denare (ein Denar war der damals übliche Tagelohn); der andere steht bei ihm mit 50 Denaren in der Kreide. Beide Schuldner sind arm; beide sind mittellos. Insofern sind sie gleich. Wer verschuldet ist, dem ist es relativ egal, wie hoch seine Schulden sind. Die Frage, wer sich höher verschuldet hat, ist rein akademischer Natur. Mit der Sünde verhält es sich ähnlich: Wer seine Schuld nicht bezahlen kann – und niemand kann dies – für den spielt es kaum eine Rolle, wie hoch sie ist. Es hilft niemandem weiter, mit dem Finger auf jemanden anders zu zeigen, der ein noch größerer Sünder ist. Geistliche Schuld vor Gott und finanzielle Schuld vor einem Gläubiger sind zwei große Gleichmacher.

Doch der Gläubiger hat Erbarmen und erlässt beiden Schuldnern ihre Schuld. Eine Bemerkung zu dem Verb „erlassen“: Hier steht im griechischen Text das Wort *charizomai*, welches das Wort *charis* (Gnade) enthält. *Charizomai* bedeutete schon in vorneutestamentlichen Zeiten „beschenken", „ein Geschenk aus freien Stücken machen" oder eben „begnadigen", „vergeben". Die geistliche Komponente ist in dem Verb klar enthalten. Mehr noch: Das Verb legt nahe, dass sich der Gläubiger die Schuld zu eigen macht, dass er sie persönlich übernimmt. Er rechtfertigt die Schuld nicht; er erlässt sie kraft seiner Autorität. Der Schuldenerlass ist ein Akt der Gnade. Der Schuldner braucht nichts weiter zu tun. Er kann nach Hause gehen. Er ist ein freier Mann, eine freie Frau.

Doch es geht in diesem Gleichnis noch um sehr viel mehr als Vergebung. Der Herr beendet die Geschichte, indem er dem Pharisäer eine Frage stellt: „Sage mir: Welcher von ihnen wird ihn nun am meisten lieben?"

Was mag diese Frage bedeuten? Doch wohl, dass es einen Zusammenhang zwischen Liebe und Vergebung gibt. Vergebung geht der Liebe voraus. Ein Mensch, dem vergeben wurde, liebt denjenigen, der ihm vergeben hat. Vergebung macht dankbar. Der Grad unserer Liebe entspricht dem Grad der Vergebung, die wir empfangen haben. Vergebung ohne nachfolgende Liebe ist nicht denkbar. Liebe ist die Reaktion auf Gnade. Die daraus folgende Dankbarkeit ist ein Ausdruck dieser Liebe. Wer liebt nun „am meisten?" Die Frage an Simon beinhaltet noch einem weiteren Aspekt: Dass die Sünderin Jesus mit Liebe und Dankbarkeit begegnet, bedeutet, dass Jesus ihr vergeben hat. Damit zeigt Jesus, wer er ist: Gott selbst.

Die Antwort, die Simon gibt, klingt etwas gezwungen: „Ich vermute der (wird ihn am meisten lieben), dem er am meisten geschenkt hat." Das heißt, die Liebe dessen ist am größten, dem die größte Schuld erlassen wurde. Simon fühlt sich nun ein wenig in die Ecke gedrängt, den er versteht genau, worauf Jesus hinaus will. Und so hört er weiter zu. Jesus nimmt ihm die Möglichkeit, die Geschichte aus einer theoretischen Distanz heraus zu beurteilen. Der Herr wendet sich nun direkt an den Pharisäer, spricht erst ihn an und dann die Frau.

Vergebung und Liebe (Lukas 7,44-50)

Von Kindesbeinen an werden wir zur Höflichkeit erzogen. Wir wissen, wie man sich bei Tisch benimmt, besonders, wenn man zu Gast ist. Man isst, was auf den Tisch kommt und beklagt sich nicht. Wenn's schmeckt, sagt man es. Wenn nicht, schweigt man stille. Kritik gehört sich nicht.

Auch Jesus hätte sich an die gute Sitte halten können. Er hätte darüber hinwegsehen können, dass Simon ein äußerst schlechter Gastgeber war. Aber es ging dem Herrn darum, dem Pharisäer etwas Wichtiges beizubringen. Wie nebensächlich ist die Etikette im Vergleich zur geistlichen Not eines Menschen. Und so will Jesus auch nicht in erster Linie Verfehlungen auf dem Gebiet der Gastfreundschaft ansprechen, sondern Simon vor Augen halten, wie seine geistliche Situation aus Gottes Sicht aussieht – mit anderen Worten: wie nötig auch er die Vergebung braucht.

Der Kontrast zwischen dem Pharisäer und der Sünderin könnte nicht auffallender sein. Simon hatte es, aus welchen Gründen auch immer, versäumt, dem Herrn die nötige Gastfreundschaft zu erweisen. Jesu Füße blieben ungewaschen, seine Wangen ungeküsst, sein Haupt ungesalbt. Demgegenüber steht die ausschweifende Dankbarkeit der Frau, die sämtliche Konventionen über Bord wirft und Jesus mit Liebe, Dankbarkeit und Öl überschüttet. Sie küsst seine Füße, benutzt ihre langen Haare als Trockentuch und verschwendet ihr teures Öl im Übermaß, bis der Duft den ganzen Saal füllt.

„Siehst du diese Frau?", fragt Jesus den Pharisäer. Nein, Simon sieht keine Frau. Simon sieht eine Sünderin. In seiner Wahrnehmung beschränkt er diese Frau auf ihr Tun in der Vergangenheit. Jesus hingegen sieht keine Sünderin, sondern eine Frau. Er sieht die Dankbarkeit und Verehrung, die sie ihm entgegenbringt. Jesus lebt in der Gegenwart, nicht in der Vergangenheit. Er hat die Vergebung vor Augen, nicht die Sünden. Vers 47 macht klar, warum die Frau ein neuer Mensch geworden ist: „Ihre vielen Sünden sind vergeben worden, darum hat sie viel Liebe erwiesen; wem aber wenig vergeben wird, der liebt wenig." – Die sprachlich korrekte Übersetzung dieses Verses ist nicht ganz einfach, und doch ist es klar, was damit ausgesagt wird: Vergebung ist die Voraussetzung für Liebe – und nicht etwa umgekehrt. Es ist nicht so, dass der Frau vergeben wird, weil sie liebt. Ihre Liebe ist vielmehr ein Beweis dafür, dass ihr bereits vergeben wurde. Die Frau macht zweierlei deutlich: Ihre Vergangenheit war von der Sünde bestimmt, ihre Gegenwart von Liebe und Dankbarkeit Jesus gegenüber. Jesus stellt klar, dass große Liebe auf große Sünde folgte. Und damit wird auch klar, was bisher unklar war, nämlich, warum sie sich so verhielt. Sie tat es, weil der Herr ihr vergeben hatte.

Liebe zu Jesus ist also ein Indikator für vergebene Schuld. Das Verhalten Simons wie das Verhalten der Frau gegenüber Jesus zeigt, ob und wie viel (oder wie wenig) den beiden vergeben wurde. Jesus vergibt Schuld, weil Jesus Gott ist. Daraus folgt, dass das Maß meiner Liebe zu Jesus Christus in einem direkten Zusammenhang steht zu dem Maß der Vergebung, die ich empfangen habe. Wir sollten uns diese Wahrheit zu Herzen nehmen. Denn sie mündet direkt in eine weitere Frage: Wenn Dankbarkeit ein Indikator für erfahrene Vergebung ist, worauf weist dann ein Mangel an Dankbarkeit hin? Anders ausgedrückt: Was sagt meine fehlende Liebe zu Jesus über mein Verhältnis zu Gott aus? Simon zeigte keine Liebe zu Jesus, weil er den Herrn nicht kannte. Ein Mensch, dem nicht vergeben wurde, behandelt Jesus bestenfalls höflich und zuvorkommend. Ein Mensch, der Vergebung erfahren hat, kann das nicht.

Die Worte Jesu bergen noch eine weitere Frage in sich: Gibt es eigentlich irgendjemanden, dem wenig vergeben wurde? Der Pharisäer hielt sich mit Sicherheit für jemanden, der im Vergleich zu der Sünderin nur ein „kleiner Sünder“ war. Doch diese Rechnung geht nur auf, wenn Sünden im Denken anders zu bewerten sind als Sünden im Tun. Die Bibel jedoch lässt keinen Zweifel daran, dass sie gleich schlimm sind. Wir sind schnell dabei, Ehebrecher und Diebe als „große Sünder“ zu brandmarken. Doch Gott hasst auch den Stolz, die Selbstgerechtigkeit und die Kritiksucht. John Owen hat einmal gesagt: „Wer über die Sünde gering denkt, wird auch über Gott gering denken“. Genau hier lag Simons Problem. Er redete seine eigene Schuld klein und erkannte deshalb nicht das Ausmaß der Vergebung

Gottes. Uns wird nicht „mehr vergeben“ oder „weniger vergeben.“ Uns wird alles vergeben – oder nichts. Simon stand auf genau derselben Stufe wie die Sünderin. Auch er war geistlich mittellos, und auch er brauchte nichts nötiger als die Erlösung. Sein Problem bestand darin, dass er nicht merkte, was er am dringendsten brauchte.

Nachdem Jesus Simon ins Gewissen geredet hat, wendet sich der Herr der Frau zu. Und was er sagt, gilt nicht nur ihren Ohren, sondern auch denen der anderen Menschen im Saal. Er wollte, dass alle Anwesenden verstehen, worum es in dem Gleichnis ging.

Schuld und Sühne (Lukas 7,48-50)

Im Jahr 1989 ging eine Welle der Empörung durch die gesamte muslimische Welt. Salman Rushdie hatte ein Buch geschrieben („Die satanischen Verse“), in dem – so der Eindruck der meisten Muslime – der Prophet Mohammed verunglimpft wurde. Es gab Aufstände. Es gab Tote. Und schließlich verkündete der iranische Ayatollah Khomeini, dass es die Pflicht eines jeden frommen Muslims sei, den Autor dieses Buches zu töten.

Rushdie entschuldigte sich daraufhin und stellte klar, dass es nicht seine Absicht gewesen war, gläubige Muslime zu beleidigen, woraufhin Khomeini sinngemäß sagte: „Selbst wenn Salman Rushdie sich bekehren und zum frommsten Menschen der Welt wandeln sollte, bleibt es dabei, dass es die Pflicht eines jeden Muslims ist, alles zu beschlagnahmen, was er hat, einschließlich seines Leibes und seines Lebens – und dafür zu sorgen, dass er zur Hölle fährt.“

Es gibt Menschen, für die Vergebung ein Ding der Unmöglichkeit ist. Sünde ist Sünde, und Sünde kann niemals getilgt werden. Für andere dagegen ist Vergebung eine reine Formsache. Schon vor hunderten von Jahren hatte Voltaire gespottet, dass Vergebung schließlich Gottes Beruf sei. Unsere Welt ist geistlich und moralisch verkommen, und viele Menschen sind auch heute noch der Auffassung, dass Gott allen alles vergibt, denn schließlich „ist unser Gott ein Gott der Liebe.“

Schwierig wird es immer dann, wenn es persönlich wird. Wie empfinden Eltern, deren Tochter vergewaltigt wurde? Oder die Angehörigen der Opfer eines terroristischen Massenmordes? Meist rufen wir in solchen Fällen danach, die Verbrecher ihrer gerechten Strafe zuzuführen und das Gesetz in aller Härte anzuwenden. Manchmal erklingt auch der Ruf nach Rache.

Und wenn es ganz persönlich wird, nämlich dann, wenn es um unser eigenes Leben und unsere eigene Schuld vor Gott geht, hoffen wir darauf, dass Gott unsere Verfehlungen nicht so ernst nimmt, selbst wenn sie Ihn ins Angesicht beleidigen.

Zurück zu Simon, dem Pharisäer. In seinen Augen war die Sünderin so schuldig, wie Rushdie in den Augen des Ayatollahs. Ihr konnte nicht mehr geholfen werden. Bestenfalls gab es einen Hoffnungsschimmer für den Fall, dass sie sich besserte, aber das würde lange dauern und genauestens überprüft werden. Wahrscheinlich dachte die Frau über sich selbst nicht anders. Jesus dachte anders. Er wendet sich ihr zu und sagt: „Deine Sünden sind dir vergeben." Dieser Satz bedeutet mehr als: „Deine Sünden werden dir vergeben." Jesus drückt hier nicht seinen Glauben an die Vergebung aus. Jesus spricht sie zu. Unglaublich. Welcher Mensch kann so etwas tun und sagen? Ich kann jemandem vergeben, der an mir schuldig geworden ist, aber ich kann niemandem seine Schuld vor Gott vergeben. Das kann nur Gott selbst, denn sein Wort sagt, dass jede Schuld Schuld vor Ihm ist (Psalm 51,4). Wenn Jesus also behauptet, der Frau die Sünden zu vergeben, behauptet er damit, Gott selbst zu sein. Seinen Zuhörern war das vollkommen klar. „Wer kann Sünden vergeben als nur Gott allein?", heißt es in Lukas 5,21. Jesus wusste also genau, wer er war: Der Sohn des Allmächtigen, gesandt zu den Menschen zur Vergebung ihrer Sünden.

Vergebung bedeutet nicht, dass Jesus die Sünde verharmlost. Es geht zwar über dieses Gleichnis hinaus, darüber nachzudenken, was Vergebung bedeutet, und was sie kostet, aber der Rest des Neuen Testaments macht es unmissverständlich klar: Der Frau wird nicht aufgrund ihrer Reue oder ihres Glaubens vergeben, sondern aufgrund des Sühnopfers Jesu Christi. Es verhält sich mit dieser Vergebung genauso, wie mit dem Schuldenerlass durch den Gläubiger. Der Gläubiger zahlt selbst. Genauso wird Christus für die Schuld der Sünderin am Kreuz sterben. „In ihm haben wir die Vergebung durch sein Blut, die Vergebung der Sünden nach dem

Reichtum seiner Gnade“ (Epheser 1,7). Es geht nicht um billige Gnade. Als Jesus sagt: „Dir sind deine Sünden vergeben“, weiß er, was dies für ihn persönlich bedeutet: Misshandlung, Tod am Kreuz, Trennung von seinem himmlischen Vater. Vergebung ist teuer.

Jesus vergibt, weil er die Schuld übernimmt. „Die Strafe liegt auf ihm, auf dass wir Frieden hätten“ (Jesaja 53,5, Lutherübersetzung). Das in Lukas 7,48 verwendete griechische Verb unterscheidet sich von dem in Vers 42. In Vers 42 liegt die Betonung auf dem Schenken; in Vers 48 könnte man auch übersetzen: „abnehmen, erlassen, beenden.“ Dies ist in einem dauerhaften und endgültigen Sinne gemeint. Unsere Sünden sind ein für allemal vergeben. Es bleibt nichts zurück, keine Spur, kein „Fizzelchen.“ Vergebung ist für die Ewigkeit. Eine Vergebung auf Zeit ist dem Neuen Testament vollkommen fremd und fern. Die Frau – und mit ihr jeder Sünder, dem vergeben wurde – steht absolut rein vor Gott. Und die Vergebung ist gratis; man braucht nichts dafür zu tun. Sie wird, aufgrund des Versöhnungswerkes Christi, im Glauben als Geschenk entgegengenommen. „Dein Glaube hat dich gerettet“, heißt es in Lukas 7,50 – und: „Geh hin in Frieden.“ Der Herr verlangt nicht von uns, dass wir zur Erlangung der Vergebung bestimmte Voraussetzungen erfüllen. Das Vertrauen auf Jesus, die Abhängigkeit von ihm bringt der Prostituierten die Rettung, egal wie unmöglich so etwas dem selbstgerechten Pharisäer erscheint. Nicht auf die Kraft des Glaubens kommt es an. Auf das am Kreuz vergossene Blut kommt es an. Interessanterweise ist eine solche Vergebung immer auch eine öffentliche Angelegenheit. Es geht nicht um eine stille Abmachung zwischen Gott und einer menschlichen Seele. Der Herr steht in aller Öffentlichkeit zu dieser Frau. Dem Pharisäer war die Sünderin peinlich. Dem Herrn ist sie nicht peinlich. Er nimmt ihre liebevolle Berührung an und freut sich über ihre Verehrung.

Die Worte des Herrn sind für diese Frau revolutionär. Sie hat durch Jesus zur Freiheit gefunden. Sie verhält sich, als wäre sie die Einzige im Raum. Die Verachtung der Angesehenen, die Ablehnung der religiösen Elite machen ihr nichts mehr aus. Sie sind ihr egal. Der schottische Theologe und Bibelausleger James Denney (1856–1917) schrieb in seinem Buch *The Christian Doctrine of Reconciliation* („Die christliche Lehre von der Versöhnung“) zu dieser Stelle:

> Welch eine außergewöhnliche Begebenheit. Wir sind versucht zu fragen: War es vielleicht Hysterie? Oder eine nervenbedingte Schwäche? Nein, es waren nicht die Nerven, es war die neue Kreatur. Es war die Wiedergeburt aus Glaube, Hoffnung und Liebe, deren Grund Jesus selbst war. Er hieß diese Frau willkommen, und sie wurde zu einer begeisterten Nachfolgerin.

Zum ersten Mal in ihrem Leben war die Frau einem Mann begegnet, der ihr das Gefühl vermittelt hatte, sauber zu sein und nicht schmutzig. Zum ersten Mal in ihrem Leben kann sie nun ein Haus – auch das Haus eines Pharisäers – betreten und unabhängig von der Meinung anderer Menschen sagen: „Dieser Mann hat mich frei gemacht. Ich bin nicht mehr Dieselbe."

Die Vergebung, die die Frau erfahren hat, definiert auch das Wort „Liebe" neu. Sie hatte ihren Körper verkauft, war „geliebt" worden gegen Bezahlung. Doch das Gefühl echter, herzerwärmender Liebe war ihr ein Leben lang fremd geblieben. Mit der Vergebung kam die innere Erneuerung. Nun strömen die dankbaren Emotionen nur so aus ihr heraus. Simon, der Pharisäer, pflegte die distanzierte Kommunikation mit Jesus. Die Frau kann das nicht. Niemand, der so geliebt wird, kann auf Distanz bleiben.

Und ein Letztes: Die Vergebung ermöglicht der Sünderin eine neue Erfahrung des Friedens: „Dein Glaube hat dich gerettet; geh hin in Frieden!" (Lukas 7,50). James Denney spricht in diesem Zusammenhang auch von Freundschaft:

> Die Frau war eine stadtbekannte Sünderin. Wer sie sah, wusste, womit sie ihr Geld verdient. Niemand war in der damaligen Zeit verachteter. Man wechselte die Straßenseite, wenn man der Frau begegnete. Sie war eine Ausgestoßene. (…) Doch Jesus sieht die Frau anders. Er schämt sich ihrer nicht. Er nimmt sie an. Er stellt sich vor sie und hinter sie, als der Pharisäer sie angreift. (…) Und als die Frau dann in Frieden ihre Straße zieht, weiß sie, dass sie einen Freund gefunden hat, einen wirklichen Freund. Gott selbst ist ihr zum Freund geworden.[3]

Die Frau, die in Frieden geht, ist nicht mehr dieselbe Frau, die vor

3 Quelle: *The Christian Doctrine of Reconciliation*

wenigen Minuten den Raum betreten hat. Die Anwesenden haben gemurmelt und gemeckert. Es war ihr egal. Und es war Jesus auch egal. Der Zuspruch der Vergebung gilt. Jesus hat gesprochen; die Frau hat geglaubt.

Und nun zu uns heute: Das Gleichnis fordert uns heraus, ehrlich mit uns selbst zu sein. Seine Botschaft lässt sich in einem Satz zusammenfassen: Dankbarkeit und Liebe sind der Beweis für erfahrene Vergebung. Die meisten von uns haben eine andere Geschichte als diese Frau. Aber wir sollten uns fragen (lassen), ob unser Herz so überläuft wie ihres. Nicht zu lieben, heißt nicht verstanden zu haben, was Vergebung bedeutet. Wenn unser Herz nicht überfließt, sollten wir einen Blick auf die Quelle werfen. Wem die Schuld vergeben wurde, der ist nicht nur „irgendwie“ oder „ein bisschen“ dankbar. Wem die Begeisterung fehlt, der dämpft den Geist.

Ein Blick zum Kreuz, an dem Jesus für uns starb, zeigt uns, wie groß unsere Schuld ist, und was es gekostet hat, sie zu vergeben. Wer das verstanden hat, will nur noch eins: Ein Dankopfer bringen, eine Alabasterflasche köpfen und den ganzen Saal mit dem Duft ihres Öls füllen.

Es gibt keine „kleinen Sünder“ – genauso wenig, wie es „etwas Vergebung“ gibt. Es gibt deshalb auch keine „kleine Liebe“ oder „etwas Dankbarkeit.“ Nehmen wir darum unsere Alabasterflasche, brechen sie auf – und salben unseren Herrn mit überfließender Dankbarkeit.

~ 4 ~
Dem Bruder vergeben

Vor einiger Zeit hörte ich eine Geschichte, über die ich noch länger nachgedacht habe. Sie handelte von einem tollwütigen Hund. Der Hund fiel einen Spaziergänger an, biss ihn in die Waden und lief davon. Der arme Mann wurde sofort ins Krankenhaus gebracht, wo man feststellte, dass er sich infiziert hatte. Da die Krankheit zu jener Zeit noch unheilbar war, blieb dem behandelnden Arzt nichts weiter übrig, als dem Patienten schonend mitzuteilen, dass er an einer unheilbaren Krankheit sterben würde. „Es tut mir außerordentlich leid", sagte der Arzt, „aber wir können nichts mehr für Sie tun. Ich möchte Ihnen keine falschen Hoffnungen machen. Die Krankheit ist unheilbar, und ich würde an Ihrer Stelle so bald wie möglich mein Testament machen." Der Mann war zunächst schockiert, griff dann aber sofort zum Nachttisch, wo Papier und Stift lagen, und fing an zu schreiben. Als der Arzt nach einer Stunde noch einmal nach dem Rechten sehen wollte, schrieb der Mann noch immer fleißig. „Ich finde das sehr verantwortungsvoll, dass Sie ein solch ausführliches Testament schreiben", sagte der Arzt. „Blödsinn!", sagte der Mann. „Das ist kein Testament. Das ist eine Liste mit Leuten, die ich noch beißen will!"

Viele Menschen tragen ein Leben lang eine solche Liste mit sich herum, vielleicht nicht auf dem Papier, aber doch in Gedanken. Es ist eine Liste von Menschen, die uns Unrecht getan haben, die uns missbraucht, unfair behandelt oder vor anderen kritisiert haben. Es gibt auch Menschen, die mit einer namenlosen Liste leben, die „sauer" auf alles und jeden sind, und deren Verbitterung über das Leben sich urplötzlich in einer Gewalttat Luft macht. Dabei kann es zu schlimmen Tragödien kommen. Ein Mann hasst Frauen und schießt in einem Mädchengymnasium um sich. Ein Pilot reißt alle Passagiere eines Flugzeugs mit sich in den Tod. Ein Terrorist läuft Amok und tötet in seinem Hass wahllos Männer, Frauen und Kinder.

Doch oft sind die Auswirkungen auch weniger spektakulär: Eine Ehe zerbricht, eine Familie wird zerstört, eine Gemeinde spaltet sich, eine Freundschaft geht in die Brüche, eine Geschäftsverbindung endet im Streit. Die Wurzel der großen und kleinen Tragödien ist meistens Bitterkeit und die Weigerung, erlittenes Unrecht zu vergeben. Doch mit Unversöhnlichkeit schadet der Mensch vor allem sich selbst. Er schließt sich ein, um fortan in einem Gefängnis zu leben, in dem Zorn und Groll seine einzigen Hausgenossen sind.

Es sagt sich leicht, dass wir unseren Mitmenschen vergeben müssen. Aber der Akt der Vergebung ist Schwerstarbeit. Wie sagte C.S. Lewis so treffend? „Vergebung ist ein herrliches Wort, aber nur so lange, bis ich jemanden treffe, dem ich etwas zu vergeben habe."

Irgendetwas in unserem Inneren will Rache, will den Ausgleich. Wir sehnen uns danach, es dem anderen heimzuzahlen. Und weil wir so sind, wie wir sind, geht Jesus auf unsere fehlende Vergebungsbereitschaft ein. Er zeigt uns, dass es für einen Menschen kaum etwas Wichtigeres gibt als zu lernen, dem anderen zu vergeben. Sein eigenes Leben war eine einzige Geschichte der Vergebung. Er zeigte uns, wie man vergibt. Er starb für uns, damit uns Vergebung zuteil wird. Die eindrücklichste Beispielgeschichte über die Vergebung finden wir in Matthäus 18, 21-35, dem „Gleichnis vom unbarmherzigen Knecht":

> Da trat Petrus zu ihm und sprach: Herr, wie oft soll ich meinem Bruder vergeben, der gegen mich sündigt? Bis siebenmal?
> Jesus antwortete ihm: Ich sage dir, nicht bis siebenmal, sondern bis siebzigmalsiebenmal! Darum gleicht das Reich der Himmel einem König, der mit seinen Knechten abrechnen wollte. Und als er anfing abzurechnen, wurde einer vor ihn gebracht, der war ihm 10.000 Talente schuldig. Weil er aber nicht bezahlen konnte, befahl sein Herr, ihn und seine Frau und seine Kinder und alles, was er hatte, zu verkaufen und so zu bezahlen. Da warf sich der Knecht nieder, huldigte ihm und sprach: Herr, habe Geduld mit mir, so will ich dir alles bezahlen! Da erbarmte sich der Herr über diesen Knecht, gab ihn frei und erließ ihm die Schuld.
> Als aber dieser Knecht hinausging, fand er einen Mitknecht,

der war ihm 100 Denare schuldig; den ergriff er, würgte ihn und sprach: Bezahle mir, was du schuldig bist! Da warf sich ihm sein Mitknecht zu Füßen, bat ihn und sprach: Habe Geduld mit mir, so will ich dir alles bezahlen! Er aber wollte nicht, sondern ging hin und warf ihn ins Gefängnis, bis er bezahlt hätte, was er schuldig war.
Als aber seine Mitknechte sahen, was geschehen war, wurden sie sehr betrübt, kamen und berichteten ihrem Herrn den ganzen Vorfall. Da ließ sein Herr ihn kommen und sprach zu ihm: Du böser Knecht! Jene ganze Schuld habe ich dir erlassen, weil du mich batest; solltest denn nicht auch du dich über deinen Mitknecht erbarmen, wie ich mich über dich erbarmt habe? Und voll Zorn übergab ihn sein Herr den Folterknechten, bis er alles bezahlt hätte, was er ihm schuldig war.
So wird auch mein himmlischer Vater euch behandeln, wenn ihr nicht jeder seinem Bruder von Herzen seine Verfehlungen vergebt.

Siebenmal vergeben – reicht das?

Ich mag den Apostel Petrus. Immer wieder stellt er Jesus genau die Fragen, die ich ihm selbst gern gestellt hätte. Und immer wieder fällt er hin auf seinem Weg ins Himmelreich, stolpert, steht auf – und geht fröhlich weiter mit seinen neu gewonnenen Erkenntnissen. In Matthäus 18 spricht Jesus darüber, dass man zu einem Bruder, der gegen einen gesündigt hat, hingehen und ihm die Schuld vorhalten soll. Petrus merkt sich genau, was der Herr sagt: „Hört er auf dich, so hast du deinen Bruder gewonnen" (Vers 15). Als er weiter darüber nachdenkt, was dies bedeutet, wird ihm etwas klar: Es geht nicht nur darum, den sündigen Bruder – schwer genug – zur Rede zu stellen. Jesus fordert auch, ihm anschließend von Herzen zu vergeben. Denn nur wenn Brüder einander vergeben, können sich Beziehungen gesund entwickeln. Und Petrus weiß nur zu gut, dass dies harte Arbeit ist. Wenn er in der Synagoge gut zugehört hat, erinnert er sich daran, dass die führenden Rabbis der damaligen Zeit verlangten, man müsse einem Sünder bis zu dreimal vergeben.

„Viermal vergeben kann niemand verlangen." So die damals gängige Schriftauslegung. Und nun möchte Petrus wissen, wie sein Rabbi die Sache mit der Vergebung sieht. „Wie oft soll ich meinem Bruder vergeben, der gegen mich sündigt?", fragt er den Herrn Jesus. „Bis siebenmal?"

Petrus legt damit ein beachtliches Angebot vor. Er hat die Forderung der Rabbis verdoppelt und noch eins drauf gesetzt. Was bedeutet seine Frage genau?

Erstens spricht Petrus von einem „Bruder", das heißt einem Mitchristen (oder damals: Mitjuden). Der Herr selbst hat es so ausgedrückt: „Wenn dein Bruder gegen sich sündigt ..." Das bedeutet nicht, dass Vergebung nur auf bestimmte Gruppen beschränkt ist. Es bedeutet aber sehr wohl, dass sie innerhalb der Gemeinde, innerhalb des Reiches Gottes, von entscheidender Bedeutung ist.

Zweitens hat Petrus aktuelle, gegenwärtige Beziehungen im Blick. Es geht also nicht um die ewige Vergebung und das jüngste Gericht (welches allein Gott vorbehalten ist), sondern um heutige zwischenmenschliche Beziehungen.

Drittens – und dieser Punkt ist besonders wichtig – geht es um Vergebung, und nicht um Verständnis. Vergebung bedeutet nicht, die (Un)taten anderer Menschen zu rechtfertigen, indem man versucht, sie zu verstehen. Vergebung hat mit Sünde, also mit Schuld zu tun. Eine Handlung, die sich rechtfertigen lässt, braucht keine Vergebung. Sie muss akzeptiert werden. Genauso wenig hat Vergebung mit Vergessen zu tun. Wer vergibt, kann sich an das begangene Unrecht sehr wohl noch erinnern.

Bei Gott ist es nicht anders. Wenn er unsere Schuld „vergisst", heißt das nicht, dass er seine Vollkommenheit verliert und sich an Dinge nicht mehr erinnern könnte. Es bedeutet, dass er uns die Schuld nicht mehr anrechnet oder vorhält. Weil Er sie getilgt hat, hat er sie sozusagen „vergessen." Wenn Menschen etwas vergessen, sind es Kleinigkeiten. Doch Schuld ist keine Kleinigkeit. Sie ist nicht unwichtig, und deshalb vergessen wir sie auch nicht. Genauso wenig bedeutet Vergebung, dass wir den Schuldner ignorieren, so tun, als gäbe es ihn nicht, oder dass wir ihm mit freundlicher Gleichgültigkeit begegnen.

Der frühere amerikanische Präsident Dwight D. Eisenhower sagte einmal, er habe eine sehr wirkungsvolle Methode entwickelt, mit der Schuld anderer Menschen umzugehen:

> Ich weigere mich einfach, irgendjemanden zu hassen. Wenn mir jemand Unrecht oder etwas Böses getan hat, versuche ich einfach, den Kerl zu vergessen. Ich mache dann folgendes, so merkwürdig es erscheinen mag: Ich schreibe den Namen der Person auf einen Zettel, lege ihn in die unterste Schublade meines Schreibtisches und sagte mir dann: „Das war's. Mit dieser Person bin ich jetzt fertig." Die Schublade ist im Laufe der Zeit recht voll geworden. Sie war quasi mein persönlicher Mülleimer, der all die Leute enthielt, mit denen ich nichts mehr zu tun haben wollte. Dieser Mülleimer hat mich davor bewahrt, ein Leben lang ungesunde, schwarze Gedanken mit mir herumzutragen.

Dwight D. Eisenhower mag ein hervorragender General und später ein guter Präsident gewesen sein, aber was er da vorschlägt, hat mit biblischer Vergebung absolut nichts zu tun. Als Christen sollten wir unter keinen Umständen unseren „inneren Mülleimer" mit Leuten füllen, mit denen wir nichts mehr zu tun haben wollen. Leider jedoch tun viele Menschen genau das. Die Beziehungen in unseren Familien und Gemeinden sehen entsprechend aus.

Wenn wir begreifen wollen, was Vergebung bedeutet, müssen wir drei Dinge beachten.

Erstens: *Vergebung hat mit realer, böswilliger und unentschuldbarer Schuld zu tun.* Der Schriftsteller G.K. Chesterton, den ich eingangs erwähnte, sagt zu diesem Thema: „Vergebung bedeutet, das zu verzeihen, was nicht verziehen werden kann. Alles andere ist keine echte Vergebung."

Zweitens: *Vergebung ist ein Auslöschen der Schuld, ein Loslassen des Geschehenen.* Genau dies ist die Bedeutung des in Matthäus 18,21 benutzten Verbs. Vor allem den Wunsch nach Rache und Vergeltung müssen wir loslassen. Das geht nur, wenn wir die gesamte Situation dem Herrn überlassen. Ein wichtiger Hinweis in diesem Zusammenhang: Vergebung ist etwas anderes als Versöhnung. Versöhnung ist die Wiederherstellung einer vertrauensvollen Beziehung, und die braucht Zeit. Vergebung ist die Voraussetzung für Versöhnung. Vergebung liegt in meiner Macht. Versöhnung liegt nicht in meiner Macht.

Drittens: *Vergebung wird gewährt, nicht verdient.* Ich entscheide mich zu vergeben. Es geht nicht darum abzuwarten, bis ich die mir zugefügten Verletzungen nicht mehr spüre. Vergebung ist ein Willensakt. Wer vergibt, bricht aus dem Gefängnis seiner Emotionen aus. Vergebung ist nicht leicht. Es gibt kaum etwas Schwereres. Aber es gibt keine Alternative. Vergebung ist der Wille Gottes.

Petrus fühlte sich möglicherweise überfordert bei dem Gedanken, siebenmal zu vergeben. Und die Forderung des Herrn, „nicht bis siebenmal, sondern bis siebzigmalsiebenmal" zu vergeben, erschien ihm vollends unmöglich. Der griechische Text ist, was die Ziffern betrifft, an dieser Stelle nicht ganz eindeutig. Wörtlich übersetzt, steht dort: „siebzig, sieben." Das kann, je nach Kontext, „siebzig plus sieben" oder „siebzig mal sieben" bedeuten. Eine interessante Parallele zu diesen Zahlen findet sich im 1. Buch Mose: „Einen Mann erschlug ich, weil er mich verwundet, einen jungen Mann, weil er mich geschlagen hat! Denn Kain wird siebenfach gerächt, Lamech aber siebenundsiebzigfach" (1. Mose 4,23-24). So rechnen wir Menschen: Vergeltung plus Zinseszins. „Das sollst du mir büßen, das werde ich dir heimzahlen." Und die Zahlen, mit denen wir heimzahlen, folgen unserer eigenen Rachelogik.

Was Jesus fordert, ist das völlig Entgegengesetzte. Es kommt nicht darauf an, bis sieben oder bis siebzig oder bis siebzig mal sieben zu zählen. Es kommt darauf an, ohne Grenzen zu vergeben. Hierzu brauchen wir die Hilfe Gottes. Der Mensch, auf sich gestellt, will Rache. Doch in der Nachfolge Jesu gibt es ein Übermaß an Vergebung. Warum das so ist und so sein soll, wird in dem Gleichnis vom unbarmherzigen Knecht eindrücklich erläutert.

Die Pflicht zur Vergebung

Das Gleichnis führt uns in das Reich eines Königs, genauer gesagt, in den administrativen Bereich seiner Herrschaft. Wenn wir „König" hören, denken wir an Gott, und die Parallele ist auch so gewollt.

Der König hat als Herrscher eines großen Imperiums eine Vielzahl von Verwaltungsbeamten und Helfern um sich herum. Einer dieser Staatsdiener schuldete dem König „zehntausend Talente." Dieser Betrag wäre selbst heute noch, in Zeiten, wo Sportler und Fernsehgrößen Unsummen verdienen, ein Riesenvermögen. Ein Talent entspricht 6.000 Denaren. Da ein gewöhnlicher Arbeiter einen Denar am Tag verdiente, entspricht ein Talent ungefähr 20 Jahresgehältern, was – selbst bei vorsichtiger Schätzung – heute einer Summe von 500.000 Euro gleichkommt. Das heißt, der Mann war das Zehntausendfache von 500.000 Euro schuldig, also etwa fünf Milliarden Euro. Dieser Mann verschwendete den Reichtum des Königs auf eine Weise, die ihresgleichen sucht.

Doch dann kommt der Tag der Abrechnung, und der Diener kann das Geld nicht zurückzahlen. Der Mann ist bankrott und verzweifelt. Er hat das geliehene Geld anderweitig verwendet. Das bedeutet Sippenhaft und Sklaverei, die nicht nur Auswirkungen auf ihn haben wird, sondern auf seine gesamte Familie. Warum wohl verwendet Jesus derart astronomisch hohe Zahlen? Er tut es, um deutlich zu machen, wie hoch wir vor dem heiligen Gott verschuldet sind. Wir denken oft, Sünde wäre harmlos. „Alle tun es, was ist schon dabei?" Aber in den Augen eines allmächtigen und vollkommenen Gottes ist Schuld niemals harmlos. Wir sind genauso bankrott vor Gott wie der Diener es vor dem König war. Selbst wenn wir die ganze Ewigkeit hätten, um unsere Schulden abzubezahlen, es würde uns nicht gelingen.

Dem Schuldner bleibt nur eins – auf Zeit spielen. „Habe Geduld mit mir, so will ich dir alles bezahlen!" Dass dies nie und nimmer funktionieren kann, scheint dem Mann nicht klar zu sein. Er hat das Ausmaß seiner Schulden überhaupt nicht begriffen. Doch es kommt alles anders. Der König erbarmt sich über den Knecht und erlässt ihm die gesamte Schuld. Es ist wichtig, dass wir uns klarmachen, warum der König so handelt. Es gibt nur einen einzigen Beweggrund: Mitleid. Erbarmen. Und dieses Erbarmen liegt im Charakter des Gläubigers begründet, nicht im Wesen des Schuldners. *Der Grund der Vergebung liegt in dem, der vergibt, nicht in dem, dem die Vergebung zugesprochen wird.* Es ist ein reiner Gnadenakt. Und damit sind wir mitten im Zentrum der christlichen Botschaft. Gott hat sich aufgrund seines Wesens dazu entschlossen, uns durch Christus zu vergeben. So sieht Gnade aus. Die Schuld wird uns erlassen, weil Christus sie übernimmt. Genau genommen verwandelt der König die Schuld in ein Geschenk. Das Geld gehört ihm, aber er gibt seinen Besitz auf. Der Gläubiger übernimmt selbst, was der Schuldner schuldet. Nur der König kann die Schuld erlassen, und er tut dies, indem er sie selbst bezahlt. Dies ist das Evangelium von der Gnade Gottes. Die Schuld, die der Sünder auf sich geladen hat, wird vom Gläubiger selbst übernommen: durch Christus, der dafür am Kreuz bezahlt hat. Er starb, stellvertretend für uns.

Natürlich ist dieser Zusammenhang (die im Gleichnis angedeutete Schuldvergebung durch Christus) dem Apostel Petrus zum Zeitpunkt der Erzählung noch verborgen. Noch ist der Herr bei seinen Jüngern, und Petrus hört ihm zu. Und als Jesus weitererzählt und auf die Reaktion des Schuldners zu sprechen kommt, wird dem Apostel allmählich klar, worauf es hinausläuft. Denn was tut der (ehemalige) Schuldner? Kaum hat er den Palast verlassen, trifft er einen Kollegen, der ihm etwas Geld schuldet. Es sind hundert Denare, umgerechnet etwa 8300 Euro. Wichtiger noch: Es ist exakt ein Sechshundert Tausendstel dessen, was ihm selbst gerade erlassen worden ist und insofern eine lächerlich kleine Summe. Außerdem braucht der Mann das Geld ja nicht mehr, er ist vollkommen schuldenfrei. Ihm ist soeben vergeben worden.

Doch der Diener ist hart und unnachgiebig: „Er würgte ihn und sprach: ‚Bezahle mir, was du schuldig bist!'" Es ist interessant, welche Worte der andere Mann jetzt benutzt. Es sind nämlich genau dieselben, die der erste Diener kurz zuvor dem König gegenüber benutzt hat. Es heißt im Text: „Da warf sich ihm sein Mitknecht zu Füßen, bat ihn und sprach: Habe Geduld mit mir, so will ich dir alles bezahlen!" Vergegenwärtigen wir uns, was hier geschieht. Juristisch gesehen hat der Mann natürlich ein Recht darauf, das Seine zurückzufordern und bei Nichterfüllung den Mitknecht zu bestrafen. Der Mitknecht ist im Unrecht. Er hat es versäumt, seine Schulden zu begleichen. Die damals üblichen Gesetze sahen es vor, dass ein säumiger Schuldner ins Gefängnis geworfen wird. Das

Verfahren war in biblischen Zeiten gang und gäbe – eine Rechtsauffassung, die uns im Übrigen daran erinnert, dass Strafe das Gegenteil von Vergebung ist. Schuld erfordert Sühne. Doch obwohl der Mann formaljuristisch im Recht ist, ist er, moralisch gesehen, im Unrecht. Es ist ein Ding der Unmöglichkeit, selbst Vergebung zu empfangen und dann als Begnadigter keine Gnade zu kennen. Wenn ich von jemandem Vergebung annehme, bin ich damit verpflichtet, auch anderen zu vergeben.

Die Weigerung des Knechts, seinem Mitknecht zu vergeben, sorgt für Aufruhr am königlichen Hof. Die Diener des Königs sind empört über die inkonsequente und böswillige Reaktion des Mannes. Sie erstatten Bericht am königlichen Hof. Man braucht kein König zu sein, um zu dem Urteil zu gelangen, dass hier ein Mann verwerflich gehandelt hat. Und so fällt die Antwort des Herrschers entsprechend deutlich aus. Der König ist zornig, stellt den Mann zur Rede, und überlässt ihn „den Folterknechten, bis er alles bezahlt hätte, was er ihm schuldig war." Die Folterstrafe ist keine biblische Strafmaßnahme. Die Worte Jesu beschreiben die damals übliche Praxis der Römer unter dem König Herodes. Sie wurde mit dem Argument gerechtfertigt, dass man auf diese Weise an Wissen kommen konnte. Vielleicht hatte der Mann das Geld ja irgendwo versteckt und würde das Versteck unter den Qualen verraten.

Bedeuten diese Worte Jesu nun, dass Gott den Gläubigen, die sich weigern, ihren Mitmenschen zu vergeben, seine Vergebung wieder entzieht? Diese Frage mag theologisch gesehen brisant und schwierig sein, doch die Warnung Jesu ist sehr ernst: *Gott macht seine Vergebung von unserer Vergebungsbereitschaft abhängig.*

Wir sollten diesen Aspekt keineswegs auf die leichte Schulter nehmen. Doch abgesehen von dem ewigen Aspekt sollten wir auch die Tatsache bedenken, dass es Folterkammern gibt, die dem Menschen bereits zu Lebzeiten das Leben schwer machen. Menschen erleiden Folterqualen, wenn sie sich weigern, ihren Mitmenschen zu vergeben. Diese innere Folter des menschlichen Geistes verursacht zwar keine körperliche Schmerzen, wohl aber seelische Qualen, die kaum minder schlimm sind.

Ich erinnere mich in diesem Zusammenhang an ein seelsorgerliches Gespräch mit einer Frau, die mir ihr in allen Einzelheiten von den Fehlern und Versäumnissen ihres Ehemanns berichtet hatte. Ich sagte dann irgendwann zu ihr: „Ich habe den Eindruck, dass Sie lieber Ihre Ehe beenden würden, als ihrem Mann zu verzeihen." Woraufhin sie mir wutentbrannt entgegnete: „Genauso ist es. Vergebung kommt nicht in Frage. Dazu war es zuviel. Und außerdem brauche ich den Zorn!" Kurz darauf hörte ich, dass sie die Scheidung eingereicht hatte.

Oder ich denke an den Mann, den nichts auf der Welt davon abbringen konnte, immer wieder bis in die letzten Einzelheiten zu berichten, wie seine Frau ihn betrogen hatte. Er wollte davon nicht ablassen und schloss sich damit selbst in eine geistliche Folterkammer ein, die seine gesamte psychische und auch physische Existenz bedrohte. Ein anderer Mann, der mich um Rat ersuchte, war so aufgebracht über die Geschäftsmethoden eines anderen Christen, dass sein Groll sein Bild von den Mitmenschen und seine Vorstellung von Gott nachhaltig beeinflusste.

Ich weiß also aus Erfahrung, wie real die Folterkammern eines unversöhnlichen Geistes sind. Und das Schlimmste daran ist, dass der Mensch sich dort selbst einsperrt. Der Selbstgerechte wird in dieser Kammer zum Opfer seiner selbst. Der Arzt und Christ S.I. McNillen schreibt in seinem Bestseller *None of these Diseases: The Bible's Health Secrets* (etwa: „Keine der üblichen Krankheiten: Gesundheitstipps aus der Bibel"):

> Sobald ich einen Menschen hasse, mache ich mich selbst zum Sklaven dieses Menschen. Er beherrscht dann mein ganzes Denken. Aus dieser Sklaverei gibt es kein Entrinnen, wo immer ich auch bin. Ich kann im Restaurant ein leckeres Steak bestellen; es wird wie Brot und Wasser schmecken. Der Mensch, den ich hasse, wird nicht zulassen, dass ich es genießen kann.

Vergebung als Lebensstil

Und nun zu uns: Die Möglichkeit, das Gelesene als eine interessante, vielleicht sogar beeindruckende Geschichte abzutun, ist uns nicht gegeben. Eine solche Reaktion lässt Jesus nicht zu. Die Geschichte hat etwas mit uns zu tun. Sie geht uns direkt an. „So wird auch mein himmlischer Vater euch behandeln, wenn ihr nicht jeder seinem Bruder von Herzen seine Verfehlungen vergebt", sagt der Herr. Er spricht hier zu seinen Nachfolgern, zu Jüngern Jesu. Sie sollen wissen: Vergebung ist der Mittelpunkt des Reiches Gottes. Um dies zu verstehen, müssen wir mindestens drei Aspekte beachten.

Erstens: *Vergebung hat ihren Ursprung in Gott.* Wenn das Gleichnis eins klar macht, dann dies: Wir müssen begreifen, dass wir vor dem heiligen und allmächtigen Gott schuldig geworden sind. Wir sind der ungerechte Knecht. Wir können unsere Schulden nicht bezahlen. Entweder wir bekommen einen „Schuldenschnitt", oder wir gehen unter. Solange wir dies nicht klar erkennen, haben wir nichts begriffen. Und noch eins müssen wir uns vor Augen halten: wie teuer Vergebung ist. Mehr als einmal in meinem Leben bin ich reich beschenkt worden. Wie oft haben mir Menschen eine unglaubliche Großzügigkeit entgegengebracht. Ich habe dann immer bei mir selbst gedacht: „Wahnsinn, was das kostet!" Den König hat es fünf Milliarden Euro gekostet, dem sündigen Knecht die Schuld zu erlassen. Eine unbegreifliche Summe. Den Vater hat es seinen eigenen Sohn gekostet, uns die Schulden zu erlassen. Den Sohn hat es den Kreuzestod auf Golgatha gekostet, mir zu vergeben. Wenn wir das begreifen, ergibt sich alles andere. Es fließt aus dieser Quelle. Meine Vergebung in Christus ist vollständig, endgültig und unwiderruflich. Der Grund dafür liegt allein in Gott. Ich habe die Vergebung nicht verdient, trotzdem ist sie mein. Ich bin frei, weil Gott Gott ist.

Zweitens: *Die Weigerung zu vergeben, ist teuer.* Wir denken immer nur an die Kosten der Vergebung – und wie anstrengend sie ist. „Wissen Sie eigentlich, was dieser Mensch mir angetan hat?" fragen Sie vielleicht. Nein, ich weiß es nicht. Und ich habe nicht vor, die Schuld, die Ihnen zugefügt wurde, kleinzureden. Ich weiß auch, dass die Entscheidung loszulassen, alles andere als einfach ist. Und nicht immer ist Versöhnung möglich, denn es mag sein, dass die andere Seite ihre Schuld abstreitet. Aber eins ist unerlässlich: Dass wir uns vor Augen halten, was unsere Schuld dem Sohn Gottes angetan hat.

Was es ihn gekostet hat, Vergebung zu erwirken. Wer das begreift, merkt, dass er den Wunsch auf Rache und Vergeltung loslassen muss. Überlassen Sie dies Gott allein. „Mein ist die Rache", spricht der Herr (2.Mose 32,35). Entlassen Sie den Menschen, der an Ihnen schuldig geworden ist, aus Ihren Rachegelüsten. Unter Umständen ist dies keine Entscheidung, die nur einmal getroffen wird. Es kann sein, dass Sie sie immer wieder erneuern müssen. Gott wird Ihnen die Kraft dazu geben, so dass Sie anschließend unbeschwert der Zukunft entgegensehen können.

Hören wir noch einmal, was der Herr Jesus Christus sagt. Wer Gottes Vergebung annimmt, und sich weigert, seinem Mitmenschen zu vergeben, ist böse. „Du *böser* Knecht!", sagt der König. Eine solche Haltung ist nicht nur falsch und inkonsequent, sie ist böse. Und sie bedeutet Folter. Wer nicht vergibt, landet im Gefängnis seiner selbst verursachten Seelenqualen. Wer nicht damit aufhört, seine Wunden zu lecken und sich immer wieder vor Augen führt, was ihm angetan wurde, zerstört sich selbst. Der Knecht, dem gerade vergeben wurde, fand seinen Mitknecht, „ergriff ihn und würgte ihn." Der Würgegriff einer unversöhnlichen Haltung ist sehr real – und sehr zerstörerisch. Ich habe diesen Geist der Unversöhnlichkeit oft genug gesehen. Er erdrosselt Ehen und alte Freundschaften. Unsere Gesellschaft ist voll mit solchen „abgewürgten Beziehungen", und man weiß manchmal nicht, wer mehr leidet, der Gewürgte oder der Würger.

Ich erinnere mich an den Bericht eines Ehepaars, das im Fernen Osten mit einer Missionsgesellschaft arbeitete. Da ihre finanzielle Unterstützung recht dürftig war, mussten sie in einem sozialen Brennpunkt wohnen, wo ihr Sohn nach einiger Zeit auf äußerst brutale Weise angegriffen wurde. Die Angreifer schlugen mit einem mit Nägeln gespickten Tau auf ihn ein. Da er auch im Gesicht getroffen wurde, verlor der Junge fast seine gesamte Sehkraft und musste sich mehreren Operationen unterziehen, damit er nicht völlig entstellt aussah. Schließlich wurden die Schuldigen dann gefunden und zu einer Gefängnisstrafe verurteilt. Die Menschen in der Stadt waren entsetzt über die Tat, und auch die Medien berichteten ausführlich darüber. Hätte sich das Ehepaar rächen wollen – es hätte in dieser Kultur nicht nur die Gelegenheit dazu, sondern auch die öffentliche Meinung, einschließlich der Medien, auf ihrer Seite gehabt. Doch die beiden blieben besonnen. Nach der Gerichtsverhandlung kam ein Reporter auf sie zu und fragte sie, wie sie nur so ruhig bleiben könnten. Die Mutter sagte folgendes: „Wir müssen wohl Zeit unseres Lebens mit der Behinderung und Entstellung unseres Sohnes leben. Aber wir sind nicht bereit, ein Leben lang Groll und Bitterkeit mit uns herumzutragen." Welch eine beeindruckende Aussage.

Was können wir noch aus diesem Gleichnis lernen? Gottes Gnade allein genügt, aber sie bleibt nie allein. Sie stellt uns in die Verantwortung unserem Nächsten gegenüber: „Solltest denn nicht auch du dich über deinen Mitknecht erbarmen, wie ich mich über dich erbarmt habe?", fragt der König den unbarmherzigen Knecht. Das „solltest du" müsste man nach dem griechischen Grundtext eigentlich noch etwas genauer übersetzen: „Folgt nicht daraus?" „Ist es nicht die logische Konsequenz?" Vergebung ist nicht eine Möglichkeit, sondern ein Muss. „Seid aber gegeneinander freundlich und barmherzig und vergebt einander, gleichwie auch Gott euch vergeben hat in Christus" (Epheser 4,32). Die Pflicht zur Vergebung hat nichts mit einem gesellschaftlichen Konsens oder einem „kategorischen Imperativ" zu tun. Sie hat aber alles mit Golgatha zu tun. Der Herr hat uns vorgemacht und vorgelebt, was wir zu tun haben.

Insofern ist Vergebung eine Willensentscheidung. Sie entspricht dem Willen Gottes. Möglich wird sie durch die Kraft des Heiligen Geistes, der in uns wohnt. Wenn wir anderen vergeben, sind wir ein lebendes Beispiel für die Neuschöpfung in Christus (2.Korinther 5,17) – so wie Corrie ten Boom es war. Im 2. Weltkrieg wurde sie in das Konzentrationslager Ravensbrück gebracht, weil sie und ihre Familie dabei geholfen hatte, Juden vor der Gestapo zu verstecken. Corries Vater starb in einem anderen Konzentrationslager, und Corrie musste nicht nur die demütigenden und menschenverachtenden Haftbedingungen in Ravensbrück über sich ergehen lassen, sondern auch mitansehen, wie ihre Schwester Betsie immer schwächer wurde und schließlich vor Erschöpfung starb. Und doch, so beschreibt es Corrie ten Boom in ihrem Buch „Mit Gott durch dick und dünn", war Gottes Gegenwart sogar dort mitten im Leiden spürbar. Nach dem Krieg entschloss sich Corrie deshalb, das zu tun, was der größte Wunsch ihrer Schwester gewesen war. Sie kehrte nach Deutschland zurück und predigte dort das Evangelium von der Vergebung. Eines Tages kam nach einem Gottesdienst ein Mann auf sie zu, den sie sofort erkannte. Es war ein ehemaliger SS-Mann, der zusammen mit den anderen Wachen die weiblichen Gefangenen misshandelt und verhöhnt hatte, besonders, wenn sie sich in den Duschräumen zum Entlausen entkleiden mussten. Er war einer von den übelsten Wächtern gewesen, und besonders Betsie hatte sehr unter ihm leiden müssen. Nun kam er geradewegs auf Corrie zu, streckte ihr seine Hand entgegen und sagte: „Danke für Ihre Botschaft, Fräulein ten Boom. Wie gut, dass Jesus uns die Schuld vergibt." Corrie wusste zunächst nicht, wie sie reagieren sollte. Der Mann fuhr fort: „Sie erwähnten in Ihrem Vortrag Ravensbrück. Ich war dort ein Wächter. Nach dem Krieg bin ich zum Glauben gekommen. Ich weiß, dass Gott mir meine Schuld vergeben hat, aber ich wünsche mir so sehr, dass auch Sie mir vergeben können. Würden Sie das tun, Fräulein?"

Corrie ten Boom erstarrte. Wie konnte sie diesem Mann vergeben? Betsie war in Ravensbrück gestorben. Wie sehr hatte er sie gedemütigt. Doch gleichzeitig schämte sie sich. Wie konnte sie über Vergebung predigen und sich dann weigern, diesem Mann zu vergeben? „Herr, erbarme dich über mich", betete sie still. „Ich kann nicht vergeben, aber ich muss es. Hilf mir dabei." Und dann, so berichtet Corrie in ihrem Buch, kam ihr ein Gedanke. Es war, als würde Gott selbst zu ihr sagen: „Strecke Deinen Arm aus, ergreife die Hand und überlass mir den Rest." Und so nahm sie die Hand des ehemaligen Wächters und spürte einen Strom der Vergebung, der aus ihrem Herzen kam und direkt in die Hand des Mannes floss. Wie erleichtert fühlte sie sich, nach dem sie das getan hatte, was sie hatte tun müssen.

Unter dem Kreuz lernen wir, was Vergebung bedeutet. Uns wurde vergeben und wir können es lernen, anderen zu vergeben. Wenn wir das Wort „Vergebung" hören oder das Vaterunser beten („und vergib uns unsere Schuld, wie auch wir vergeben unseren Schuldnern") kommen uns Menschen und Gesichter in den Sinn: ein Ehepartner, ein Freund, Vater, Mutter, ein Kind, ein Feind. Was müssen Sie noch unter das Kreuz bringen, um Vergebung zu erfahren? Und wem müssen Sie noch vergeben? Das Gleichnis vom unbarmherzigen Knecht fordert uns heraus, in der Kraft der Vergebung zu leben: Nicht nur für unsere Vergebung zu danken – sondern sie anderen weiterzugeben.

~5~
Den Meister finden

Über den berühmten Feldherrn Alexander den Großen erzählt man sich eine ebenso beeindruckende wie bedrückende Anekdote: Als er sein Reich wieder einmal nach Osten erweitern wollte, stieß er auf eine besonders gut befestigte Stadt. Alexander ließ es sich nicht nehmen, persönlich zum Stadttor zu gehen. Dort verlangte er, den König zu sprechen. „Warum?", fragten die Wachen. „Weil die Stadt und deren Bewohner vernichtet werden, wenn sie sich nicht unverzüglich ergeben." Die Wachen übermittelten die Botschaft ihrem König, doch dieser verhöhnte Alexander nur: „Wir werden jeder Art der Belagerung standhalten. Seht euch doch nur unsere Festung an."

„Nun gut", sagte Alexander. „Doch vielleicht erlaubt Ihr mir vor der Erstürmung noch eine kleine Demonstration meiner Macht." In der Nähe der Stadt befand sich ein steiler Felsen vor einem Abgrund, und Alexander befahl seinen Truppen, Mann für Mann dort hinauf zu marschieren. Die Soldaten gehorchten ohne Widerrede. Einer nach dem anderen marschierten sie auf den Abgrund zu – und darüber hinaus. Erst nachdem mehrere seiner Männer ihr Leben gelassen hatten, befahl Alexander den Halt. Er beorderte die Männer zurück, und schweigend stellte sich die Truppe vor den Stadtmauern auf und blickte auf ihren Feldherrn.

Das Ergebnis ließ nicht lange auf sich warten. Die Bewohner der Stadt erstarrten vor Schreck. Überall erschienen weiße Fahnen und Tücher, und in kürzester Zeit ergaben sich der König und seine Untertanen. Ihnen war klar geworden, dass sie einer solchen Art von Treue bis in den Tod nichts entgegenzusetzen hatten.

Niemand weiß, ob sich diese Begebenheit tatsächlich so ereignet hat. Vielleicht ist sie nur „gut erfunden." Aber die Geschichte macht eins klar: Treue und Hingabe können schier Unglaubliches erreichen. Menschen, die von einer Sache überzeugt sind, sind bereit, einen hohen Preis dafür zu zahlen. Und solche Menschen werden immer mehr erreichen als Menschen, die Egoismus und Bequemlichkeit höher schätzen als die Hingabe an eine Sache, für die es sich lohnt zu sterben.

Doch eine solche Opferbereitschaft ist heutzutage nur noch selten anzutreffen. Wir leben in einer Gesellschaft, in der sich jeder selbst der Nächste ist. Dieser Egoismus hat gravierende Folgen, nicht nur im politischen Bereich, sondern auch mit Blick auf Ehen, Freundschaften und Familien.

Als Gläubige sind wir nicht immun gegen den Werteverfall in unserer Welt. Ein gläubiger Staatsmann machte in den 90er Jahren eine bemerkenswerte Beobachtung: Während die Christen in den Entwicklungsländern großen Mangel an Erkenntnis haben, haben sie doch keinen Mangel an Hingabe. Die Christen im Westen dagegen sind sehr reich an Erkenntnis und sind bestens informiert, doch ihnen mangelt es an Hingabe. Es mag sein, dass es Ausnahmen von dieser Regel gibt, aber als Tendenz scheint mir diese Beobachtung den Nagel auf den Kopf zu treffen.

Die Worte unseres Herrn Jesus lassen keinen Zweifel daran, dass er von seinen Nachfolgern hundertprozentige Hingabe und Treue verlangt. Jesus ist in dieser Hinsicht absolut realistisch. Er möchte, dass der Mensch weiß, worauf er sich einlässt. Unser Herr ist das genaue Gegenteil von einem Verkaufsprofi oder Marketingexperten. Er drängt sich nicht auf. Er versteckt keine Kosten. Das Kleingedruckte kommt bei Jesus zuerst, und zwar in Großbuchstaben. An keiner Stelle des Neuen Testaments wird dies deutlicher als im Gleichnis über die Kosten der Nachfolge im 14. Kapitel des Lukasevangeliums:

> Es zog aber eine große Volksmenge mit ihm; und er wandte sich um und sprach zu ihnen: Wenn jemand zu mir kommt und hasst nicht seinen Vater und seine Mutter, seine Frau und Kinder, Brüder und Schwestern, dazu aber auch sein eigenes Leben, so kann er nicht mein Jünger sein. Und wer nicht sein Kreuz trägt und mir nachkommt, der kann nicht mein Jünger sein.

> Denn wer von euch, der einen Turm bauen will, setzt sich nicht zuvor hin und berechnet die Kosten, ob er die Mittel hat zur gänzlichen Ausführung, damit nicht etwa, wenn er den Grund gelegt hat und es nicht vollenden kann, alle, die es sehen, über ihn zu spotten beginnen und sagen: Dieser Mensch fing an zu bauen und konnte es nicht vollenden!
> Oder welcher König, der ausziehen will, um mit einem anderen König Krieg zu führen, setzt sich nicht zuvor hin und berät, ob er imstande ist, mit zehntausend dem zu begegnen, der mit zwanzigtausend gegen ihn anrückt? Wenn aber nicht, so sendet er, solange jener noch fern ist, eine Gesandtschaft und bittet um die Friedensbedingungen. So kann auch keiner von euch mein Jünger sein, der nicht allem entsagt, was er hat.
> Das Salz ist gut; wenn aber das Salz fade wird, womit soll es gewürzt werden? Es ist weder für das Erdreich noch für den Dünger tauglich; man wirft es hinaus. Wer Ohren hat zu hören, der höre! (Lukas 14,25–35)

Ein Satz wird in dem Gleichnis dreimal wiederholt: „... der kann nicht mein Jünger sein .... (der) kann nicht mein Jünger sein .... (der) kann nicht mein Jünger sein." Die Botschaft Jesu ist unüberhörbar. Der Herr möchte, dass wir uns vollständig darüber im Klaren sind, was Nachfolge bedeutet. Fast hat es den Anschein, als wollte Jesus die Menschen davon abhalten, ihm nachzufolgen. Doch das würde dem eindeutigen Zeugnis der Bibel widersprechen. Die Schrift macht es sehr deutlich, dass Gott sich danach sehnt und es sein Wille ist, dass die Menschen Ihm ihr Leben übergeben. Der Grund für die ernsten Worte des Herrn liegt darin, dass er von seinen Nachfolgern eine wohlüberlegte, ernsthafte und nachhaltige Jüngerschaft erwartet.

Der Kontext, in dem Lukas das Gleichnis erzählt, macht deutlich, worum es Jesus geht. Kurz zuvor berichtet der Evangelist das Gleichnis vom großen Gastmahl, eine Geschichte, in der es um die unverdiente Gnade Gottes geht. Das „große Mahl" (Lukas 14,16) ist für alle bereitet, die der Einladung nachkommen. Direkt im Anschluss an unser Gleichnis über die Bedingungen der Nachfolge (Lukas 14,25-35) finden wir das Gleichnis vom verlorenen Schaf und das Gleichnis von der verlorenen Drachme. Auch hier geht es um Gottes Einladung an alle und seine Freude über die Umkehr der Sünder. Es besteht also kein Zweifel daran, dass das Heil (die Errettung) allein durch die Gnade ermöglicht und allein durch den Glauben erfahrbar wird. Niemand braucht irgendwelche Voraussetzungen oder Bedingungen dafür zu erfüllen. Das Heil steht jedem offen, der sein Vertrauen auf Jesus Christus setzt.

Und doch scheint es Menschen zu geben, damals wie heute, die zwar von Jesus und seiner Botschaft fasziniert sind, ihm aber eher spontan und unverbindlich „hinterherlaufen." Lukas beginnt seinen Bericht mit den Worten: „Es zog aber eine große Volksmenge mit ihm ..." Diese Leute sind zwar physisch dabei. Sie ziehen mit und gehören zur unmittelbaren Umgebung Jesu. Ob sie jedoch wissen, worum es geht, ob sie echte Jünger sind oder nur interessierte Mitläufer, ist eine andere Frage. Natürlich ist die „große Volksmenge" (Vers 25) auf irgendeine Weise „gläubig", doch es ist unwahrscheinlich, dass alle Menschen, die mit dem Herrn unterwegs waren, wirklich errettet waren. Wahrscheinlich handelte es sich um eine recht bunte Truppe. Es waren Gläubige und Zweifler dabei, Menschen, die „von neuem geboren" waren (Johannes 3,3) und solche, die nicht wirklich verstanden hatten, worum es bei der Nachfolge geht.

Die Bedingungen der Nachfolge

Wenn wir die Worte „Nachfolge" oder „Jüngerschaft" hören, denken wir sofort an das Neue Testament. Doch „Jüngerschaft" war in biblischen Zeiten ein sehr geläufiger Begriff. Man kann es mit einer Ausbildungszeit oder Lehre vergleichen. Heute spricht man von „Azubis" und „Trainees", damals von Schülern und Jüngern. Der Jünger (lateinisch: *discipulus*, englisch: *disciple*) hielt sich an einen Lehrer oder Rabbi, um von diesem in religiöser Weisheit unterwiesen zu werden. Er war seinem Meister gegenüber treu und fühlte sich ihm verpflichtet. Doch eigentlich ging es um mehr: Das Ziel der Ausbildung bestand darin, die Tora und die jüdische Tradition zu verstehen und zu leben. Die Tora stand immer über dem Rabbi, und nicht selten suchte sich ein Jünger seinen Rabbi nach bestimmten

Kriterien aus, so wie heute Studierende sich für eine bestimmte Universität entscheiden. Eigentlich war der Jünger deshalb nicht seinem Meister ergeben, sondern dem Gesetz und dem Weg der Propheten.

Jesus definiert den Begriff „Jüngerschaft“ neu. Ein Jünger Jesu ist nicht der Tora und der jüdischen Tradition verpflichtet, sondern Ihm selbst als dem Herrn. Der Nachfolger Jesu gehört nicht zur Schule des Rabbi Jesus von Nazareth, sondern er hat sich Ihm in völliger Hingabe anvertraut. Ein Jünger Jesu „kommt und sieht“ – und glaubt (Johannes 1,39). Es geht nicht darum, sich einer bestimmten Lebensweise zu verpflichten und diese dann weiterzugeben. Es geht um Gemeinschaft mit Jesus, um die innere Verbindung mit ihm, um Gehorsam und Dienst. In Vers 27 sagt der Herr klipp und klar, dass ihm nachfolgen bedeutet, sein Kreuz auf sich zu nehmen.

Es wird in den Kommentaren gelegentlich darüber spekuliert, für wen die Worte Jesu in diesem Gleichnis gedacht sind. Richten sie sich an Gläubige oder Nichtgläubige? Dass Jesus auch die Gläubigen unter seinen Nachfolgern in eine tiefere Beziehung zu ihm ruft, wird zum Beispiel in Lukas 9,18-27 deutlich, wo es um die Selbstverleugnung und das Tragen des eigenen Kreuzes geht. Es ist wohl folgendermaßen: Zwar sollte jeder Christ ein hundertprozentig hingegebener Jünger sein, aber nicht jeder ist es. Errettung ist nicht dasselbe wie Jüngerschaft. Andererseits erscheint es mir unwahrscheinlich, dass Jesus in dem Gleichnis nur zu erretteten Menschen spricht. Es handelt sich bei der „großen Volksmenge“ in Vers 25 um eine gemischte Gesellschaft. Viele unter denen, die Jesus nachfolgten, brauchten dringend die Botschaft, dass ein unverbindliches Mitlaufen nicht ausreicht. Der Herr möchte mit seinen Worten diejenigen erreichen, die sich als Interessenten oder Sympathisanten verstehen. Diese Menschen sollen erkennen, dass eine solche Art von Glauben nicht ausreicht. Sie müssen deshalb dringend und in aller Selbstkritik die Qualität ihrer Verbindlichkeit unter die Lupe nehmen.

Jesus benutzt sehr klare Worte, wenn es um die Hingabe geht, die er von seinen Jüngern erwartet. Es ist eine Hingabe, die alle anderen menschlichen Bindungen übersteigt: „Wenn jemand zu mir kommt und hasst nicht seinen Vater und seine Mutter, seine Frau und Kinder, Brüder und Schwestern, dazu aber auch sein eigenes Leben, so kann er nicht mein Jünger sein" (Lukas 14,26). Dies ist eine „harte Rede" (Johannes 6,60) – und sie schockiert uns. Schließlich stammt sie aus dem Munde dessen, der geboten hat: „Liebe deinen Nächsten wie dich selbst" (vgl. Matthäus 22,34-40), und der an anderer Stelle den Pharisäern vorgeworfen hat, Vater und Mutter nicht zu ehren (Matthäus 15,1-9). Folgende Aspekte können uns dabei helfen zu verstehen, was der Herr meint. Zunächst einmal ist das Verb „hassen" in unserem Zusammenhang nicht als „verabscheuen" zu verstehen, sondern als „geringer achten." Es handelt sich, inhaltlich gesehen, um ein Vergleichswort, wie es beispielsweise auch in 1.Mose 29,30 benutzt wird. Dort heißt es, dass Jakob Rahel mehr liebte als Lea. In Vers 31 heißt es dann: „Als aber der HERR sah, dass Lea verschmäht war..." Im Hebräischen findet sich hier das Verb für „hassen." Doch Jakob verabscheute Lea nicht. Er „hasste" sie nicht in dem Sinne, wie wir das Wort heute verstehen. Lea war lediglich „zweite Wahl". Er liebte sie weniger als Rahel, und in Leas Empfinden mag sich dieser Mangel an Liebe durchaus wie Hass angefühlt haben. Genau in diesem Sinne benutzt Jesus das Verb. Wir erkennen das daran, dass er zum Beispiel in Matthäus 10,37 sagt: „Wer Vater oder Mutter mehr liebt als mich, der ist meiner nicht wert."

Jesus verlangt von seinen Jüngern, dass sie Prioritäten setzen. Kein Mensch auf der Welt darf mir mehr wert sein als Jesus Christus. Natürlich sind familiäre Bindungen wichtig. Kaum etwas ist wichtiger. Familien sind eine Schöpfungsordnung Gottes, und Gott möchte, dass wir sie höher als alles andere achten – mit einer einzigen Ausnahme: Gott selbst. Wer Gott den ersten Platz einräumt, wird seine Familie nicht weniger lieben, sondern mehr.

Der bekannte christliche Autor und Apologetiker Francis Schaeffer kam schon während seiner Studienzeit zum Glauben. Er entstammte einer säkularen Familie, und als der Vater feststellte, dass sein Sohn „religiös geworden" war und eine theologische Ausbildung machen wollte, war Mr. Schaeffer strikt dagegen. Francis fühlte sich hin- und hergerissen zwischen der Liebe zu seinem Herrn und der Liebe zu seinen Eltern. Er brachte das Dilemma im Gebet vor Gott, aber je mehr er betete, umso klarer war es ihm, dass er in den vollzeitlichen christlichen Dienst gehen sollte. Eines Abends stand sein Vater an der Tür und sagte: „Damit du es weißt: Ein Pfarrer kommt mir nicht ins Haus. Schlag dir die Ausbildung aus dem Kopf!" Francis Schaeffer antwortete nichts, sondern ging in sein Zimmer und betete erneut um Weisheit und Führung. Dann ging er zu seinem Vater und sagte: „Dad, ich muss es tun. Es ist Gottes Wille für mein Leben." Wutentbrannt schlug der Vater die Tür zu. Schaeffer berichtete später, es sei ihm kaum etwas im Leben so schwer gefallen, wie das Stehen zu der Entscheidung, eine theologische Ausbildung zu beginnen. Nach einigen Minuten kam der Vater zu seinem Sohn zurück und sagte: „Ich bin nach wie vor dagegen, aber das erste Jahr der Ausbildung bezahle ich dir." Dass Francis Schaeffer in diesem Punkt seinen Prioritäten treu war, trug später reichen Segen. Wir kennen heute die weltweiten Auswirkungen seines Dienstes, und in seinem Fall war es sogar so, dass viele Jahre später auch sein Vater zum Glauben fand.

In der Nachfolge Jesu geht es nicht nur um Beziehungen, sondern auch um Lebensziele. „Wer nicht sein Kreuz trägt und mir nachkommt, der kann nicht mein Jünger sein." Wir haben es hier mit einem Bild aus dem Alltagsleben Judäas unter der römischen Besatzungsherrschaft zu tun. Wer sein Kreuz trägt, ist soeben zum Tode verurteilt worden. Die Hinrichtung steht unmittelbar bevor. „Das Kreuz tragen" hat nichts mit dem Ertragen relativ leichter Alltagsprobleme zu tun. Es geht nicht darum, dass „jeder sein Päckchen zu tragen hat." Das Kreuz versinnbildlicht Demütigung, unerträgliche Schmerzen und den sicheren Tod. Wer damals diese Worte hörte, wusste genau, was gemeint war. Jeder erschauderte bei dem Gedanken an diese Art der Hinrichtung.

Spricht Jesus hier über den tatsächlichen körperlichen Tod? Für einige Christen mag „Das Kreuz tragen" tatsächlich den physischen Tod bedeuten, für die Mehrheit wohl nicht. Es gibt im Text eine interessante Nuance, die uns helfen kann zu verstehen, was der Herr meint. Das Verb „tragen" steht nämlich in einer Art Verlaufsform. Wörtlich müssten wir übersetzen: „Wer nicht beständig sein Kreuz trägt und mir nachfolgt ..." Der eigentliche Kreuzesträger ist

Jesus selbst. Er unterwarf sich dem Vater und lebte in ständiger Abhängigkeit von Ihm. In diesem Sinne hat der Herr sein Kreuz schon getragen lange bevor er sein Angesicht gen Jerusalem wandte und nach Golgatha ging. Das Ziel seines Lebens war von Gott, dem Vater, festgelegt worden. Für Jesus bedeutete dieses Lebensziel Erniedrigung, Leid und Tod. Der Jünger, der das Kreuz trägt, folgt den Fußstapfen seines Herrn nach. Denn in der Nachfolge Jesu geht es nicht um Selbstverwirklichung und das Erreichen persönlicher Karriereziele, sondern um den Willen Gottes und um seine Ziele.

„Sein Kreuz auf sich nehmen“ ist also ein fortlaufender Akt des Gehorsams Gott gegenüber. Der Wille des Vaters und der Auftrag Jesu sollen mein Leben bestimmen. Der schottische Theologe und Prediger James Denney (1856–1917) sagte einmal: „Wer nicht weiß, wofür es sich lohnt zu sterben, weiß auch nicht, wofür es sich lohnt zu leben.“ Wer Jesus nachfolgt, weiß beides: wofür es sich lohnt zu leben, und wofür es sich lohnt zu sterben. Der Jünger Jesu hat die Verfügungsgewalt über sein Leben ohne jede Einschränkung an seinen Herrn abgegeben. Und doch lohnt sich das Leben für ihn, denn er hat eine Entscheidung getroffen. Er weiß, wofür er lebt, und er weiß, wofür er bereit ist zu sterben. Er lebt, doch nicht länger er, sondern Christus in ihm (Galater 2,20).

Wir tun uns schwer mit solch radikaler Sprache – wir, die wir in einer Gesellschaft leben, wo es um das Lustprinzip geht, um Karriere und Selbstverwirklichung. Wir kennen das Kreuz nur noch aus dem Schmuckkästchen. Die Menschen tragen es an einer Kette und hängen es sich um den Hals. Aber Jesus möchte nicht, dass wir uns ein Kreuz umhängen. Er will, dass wir es tragen. Er will, dass wir uns, koste es, was es wolle, mit ihm identifizieren. Er zwingt es uns nicht auf, sondern respektiert unsere Entscheidung.

Der Preis der Nachfolge

Jesus verdeutlicht dies durch zwei kürzere Gleichnisgeschichten. In beiden geht es um das Überschlagen der Kosten und die Abwägung von Risiken. Der Jünger Jesu setzt alles in seinem Leben auf den Herrn Jesus. Ein weiser Mensch überlegt sich eine solche Entscheidung gründlich. Sie darf nicht aus einer Laune oder einem Impuls heraus getroffen werden. Impulsentscheidungen tragen nicht.

In der ersten Geschichte geht es um einen leichtsinnigen Architekten. Fast jedes Land und jede Großstadt besitzt irgendwelche Denkmäler nachlässiger Planung und demzufolge nicht erfolgter Fertigstellung. Sie sehen nicht schön aus, die Brücken, die mitten im Fluss enden, die Wartehallen, die einmal zu einem Hauptstadtflughafen gehören sollten, oder die unvollendeten Hochhäuser, in die nie jemand eingezogen ist. Natürlich spricht Jesus nicht von unseren modernen Städten, aber das Phänomen der „Bauruine" existierte schon in biblischen Zeiten. Wer einen Turm bauen will, sagt der Herr – und denkt dabei wahrscheinlich an einen Wachturm im Weinberg – überlegt sich vorher, ob er genug Geld besitzt, um den Plan zur Ausführung zu bringen. Er überschlägt die Kosten, plant Reserven ein und kümmert sich um Mitarbeiter und Material. Wenn die Sache schief geht, ist ihm der Spott der anderen sicher. Wie begonnen, so zerronnen.

Auf den Gedanken der Nachfolge übertragen, bedeutet dies: Sie will wohl überlegt sein. Begeisterung für Jesus ist gut und wichtig, aber sie reicht nicht aus, wenn es darum geht, das Kreuz zu tragen. Nachfolge ist ein spannendes Abenteuer, aber sie ist auch anstrengend und kräftezehrend. Es geht um geistlichen Kampf. Kriegsfilme sind ein beliebtes Genre. Man sieht sie sich gerne an, aber für den Soldaten im Schützengraben sieht die Sache völlig anders aus. Wohl dem, der die Kosten überschlägt und sich der Risiken bewusst ist. Alles auf Jesus zu setzen, hat lebensverändernde Folgen.

In der zweiten Geschichte geht es noch um mehr: Wer einen Turm baut, ohne die Ressourcen dafür zu haben, setzt sich nur dem Spott der Leute aus. Wer jedoch in den Krieg zieht, ohne die Folgen zu bedenken, setzt sein Leben aufs Spiel. Jesus spricht von einem König, der sich einer feindlichen Armee gegenübersieht, die doppelt so stark ist wie seine eigene. Die Truppen sind bereits in Bewegung, und er muss sich entscheiden: Widerstand oder Ergebung? Mag sein, dass die Chancen für einen Sieg durchaus gegeben sind. Manchmal sind Zehntausend-Mann-Heere von kleineren Truppen geschlagen worden, weil sie taktisch überlegen waren. Aber es kann auch anders ausgehen. Der König hat nicht viel Zeit zum Nachdenken. Die Entscheidung drängt, und sie muss jetzt getroffen werden. Wenn er zögert, muss er dennoch kämpfen – und mit den Konsequenzen leben. Vielleicht wäre es sinnvoller, zeitig über die Kapitulation zu verhandeln. In jedem Fall sind die Folgen gravierend.

Auch hier ist der „Vergleichspunkt" der Gleichniserzählung offensichtlich. Es geht nicht nur darum, dass wir die Bedingungen der Nachfolge kennen; wir müssen uns auch über die Konsequenzen einer verweigerten Nachfolge im Klaren sein. Entscheiden müssen wir uns so oder so. Keine Entscheidung ist auch eine Entscheidung. Das heißt: Wer sich nicht dafür entscheidet, ein Jünger Jesu zu sein, entscheidet sich dafür, kein Jünger Jesu zu sein. Verweigerte Nachfolge antwortet mit „Nein" auf den Anspruch Jesu. Dieses Nein ist gleichzeitig ein Nein zum Sieg und ein Nein zur Mission. Und merkwürdigerweise ist es in letzter Konsequenz auch ein Nein zum Leben, denn der Herr sagt: „Wer sein Leben erhalten will, der wird es verlieren, wer aber sein Leben verliert um meinetwillen, der wird's erhalten" (Lukas 9,24, Lutherübersetzung). Es mag paradox sein, aber das Leben als Jünger Jesu ist zwar risikoreich, aber auch erfüllend und extrem befriedigend.

Die beiden Bilder des Gleichnisses ergänzen einander: Überschlage die Kosten und sei dir bewusst, welche Folgen eine Verweigerung hat. Beides hat seinen Preis: Nachfolgen und nicht nachfolgen. Jesus sagt in Vers 35: „So kann auch keiner von euch mein Jünger sein, der nicht allem entsagt, was er hat." Es geht in der Nachfolge Jesu um meine persönlichen Beziehungen zu anderen (9,26), um meine persönlichen Lebensziele (9,27) und um meinen persönlichen Einsatz. Der Herr verlangt von mir, alles aufzugeben („allem zu entsagen"). Dabei ist „alles aufgeben" nicht identisch mit „alles weggeben." Gott möchte nicht, dass ich mein Haus weggebe oder meine Ehefrau verlasse. Aber Er möchte an erster Stelle stehen. Er verlangt, dass wir von allem anderen „Abschied nehmen." Dieser Begriff steht in Lukas 9,61, und so ist er auch im vorliegenden Text gemeint. Wir übertragen die Rechte an unserer Familie dem Herrn. Die Verfügungsgewalt über unseren Besitz geht auf Jesus über. Alles, was wir haben, soll Gott dienen. Mein Haus wird sein Haus, mein Auto sein Auto, mein Geld sein Geld.

Schwierig für Menschen, die „die guten Dinge des Lebens" lieben. Das Verb „entsagen" steht wiederum in der Verlaufsform. Wir sollten das Aufgeben als Lebensweise praktizieren, es kontinuierlich tun. Wer nicht (jeden Tag neu, als Lebensweise, als „Dauereinrichtung") allem entsagt, was er hat, der kann nicht Jesu Jünger sein. Ich persönlich fand diese Lebensweise damals als Student sehr viel einfacher als heute, wo ich Dozent bin und selber Studenten habe. Unser Besitz fällt uns zu, und wir dürfen nicht nachlassen, ihn täglich neu Gott zu übertragen.

Die Auswirkungen der Nachfolge

Der Herr beendet seine Gleichnisrede mit einem Hinweis darauf, was einen Jünger ausmacht und welche Funktion er in der Welt hat. „Salz ist gut", sagt Jesus. Salz war damals ein sehr wertvolles Gut. Wir sagen heute: „Ohne Wasser kein Leben", aber in biblischen Zeiten galt darüber hinaus: „Ohne Salz keine Bewahrung des Lebens." Salz wurde verwendet, um Nahrung haltbar zu machen. Es konservierte, bewahrte und schützte vor Infektionen und Bakterienbefall. Salz war nicht nur ein wertvolles Gewürz, sondern auch ein Düngemittel. „Sal" – so das lateinische Wort für „Salz" wurde sogar als Währung benutzt. Manche Soldaten bekamen Ihren Sold in Salz ausgezahlt. Die beiden Wörter (Sold und Salz) sind verwandt (lateinisch: *salarium*, englisch: *salary*). Manche der Hauptreisewege im römischen Reich – und später im Mittelalter – waren als „Salzstraßen" bekannt.

Aber das Salz konnte „salzlos" werden. Es konnte seine Kraft verlieren. Jesus will damit nicht sagen, dass sich die chemische Zusammensetzung von Natriumchlorid verändert. *NaCl* bleibt *NaCl*. Doch im damaligen Palästina hatte man kein reines, unverfälschtes Salz, so wie wir es heute kennen. Bekannt waren große Klumpen weißen Materials, die wie Salz aussahen, aber kein Salz mehr enthielten. Es war schon vor langer Zeit ausgewaschen worden. Oft wurde Salz auch gestreckt. Es enthielt Verunreinigungen oder Steinchen. Vielleicht konnte man es noch zum Bauen oder Verputzen verwenden, aber ansonsten war es wertlos.

Die Frauen und Männer in der Nachfolge Jesu sollen „Salz der Erde" sein (Matthäus 5,13). Die Gläubigen sind nach dem Willen des Herrn ein Konservierungs- und Würzmittel für die Welt. Doch das funktioniert nur, wenn das Salz seine Kraft behält. „Salz der Erde“ sind wir, wenn wir dem Herrn hundertprozentig hingegeben sind, wenn wir ihm unsere Beziehungen, unsere Lebens- und unsere Karriereziele ausgeliefert haben. Ohne völlige Hingabe ist das Christenleben salzloses Salz, „Formalkram“ ohne Inhalt. Ein „salzloser Jünger“ wird nichts für den Herrn erreichen. Ein hingegebener Christ dagegen stellt die Welt auf den Kopf.

In der Nachfolge Jesu zu leben ist das größte Vorrecht, das ein Mensch erleben kann. Es ist ein Leben, das allen angeboten wird, für das aber nicht alle qualifiziert sind. Von einigen Menschen sagt der Herr in aller Deutlichkeit: „Sie können nicht meine Jünger sein.“ Diese fehlende Eignung hat nichts mit fehlender Intelligenz, nicht vorhandenen Gaben oder begrenzten Kräften zu tun. Es wird von einem Jünger Jesu niemals verlangt, dass er besonders schlau, intelligent oder vermögend wäre. Es wird nur eins von ihm verlangt: dass er hingegeben ist und Jesus jeden Moment seines Lebens zur Verfügung steht. Jemand hat einmal gesagt: *God wants fat people!* Sucht Gott dicke Menschen? Nein, aber er sucht Menschen, die f-a-t sind, *faithful* (treu), *available* (verfügbar, hingegeben), *teachable* (lernbereit).

Deshalb: Überschlagen Sie die Kosten! Sind Sie ein verantwortungsvoller Bauherr? Oder ist Ihnen nicht klar, worauf Sie sich eingelassen haben? Die Konsequenz einer jeden Entscheidung will wohl bedacht sein. Und in der Nachfolge Jesu gilt: Wer nicht gegen den Strom schwimmt, treibt zurück.

Ich erinnere mich in diesem Zusammenhang an die Worte eines Missionars. Sie wurden vor über hundert Jahren gesprochen, haben aber, wenn man sie heute liest, nichts von ihrer Aktualität verloren: „Die meisten Menschen sind mit ihrem Leben nicht zufrieden. Nichts unter der Sonne befriedigt wirklich, es sei denn Christus. Wer ihm nachfolgt und die Ziele seines Herrn zu seinen eigenen macht, wird wirkliche Fülle erfahren. Ruhm und Ehre sind vergänglich. Sie sind nichts wert im Vergleich zu der kostbaren Perle im Acker – zu einem Leben im Einklang mit dem Willen des Schöpfers.“

1945 wurde in der Sowjetunion der Dissident Alexander Solschenizyn gefangen genommen. Als politischer Gefangener musste er elf Jahre in Stalins Kerkern zubringen. Als er mitansehen musste, wie andere Gefangene gefoltert wurden, schrieb er folgende „Anleitung zum Überleben“:

> Was soll man tun? Wie kann ein Mensch bestehen, wenn er schwach ist und Schmerzen nicht ertragen kann? Wenn er noch nicht sterben möchte, weil alle seine Lieben noch leben? Wie kann es gelingen, dass der Gefangene in seinem Loch stärker wird als der Folterknecht? In dem Moment, wo du das Gefängnis betrittst, musst du alles hinter dir lassen, was dir vertraut ist. Deine ganze Vergangenheit zählt nicht mehr. An der Schwelle zum Kerker musst du dir sagen: Mein Leben ist vorbei. Es mag noch ein wenig dauern, aber der Tod ist mir sicher. Ich werde nie mehr das Licht der Freiheit erblicken. Ich bin zum Tode verurteilt, wenn nicht jetzt, dann später. Und da das „Später“ alles nur noch schlimmer macht, gilt: Lieber jetzt sterben als später. Besitz habe ich keinen mehr. Für meine Lieben bin ich schon tot, und meine Lieben für mich. Meinen Körper kenne ich nicht mehr, er dient mir nicht mehr. Es bleibt mir nur eins: Mein Geist und mein Gewissen. Die beiden sind mir wichtig und heilig, und vor den beiden werden die, die mich verhören, erzittern. Nur der Mann, der allem entsagt hat, kann einen solchen Sieg erringen. (Quelle: Der Archipel Gulag)

Solschenizyn spricht von „entsagen“, und Jesus benutzt dasselbe Wort im Gleichnis von den Bedingungen der Nachfolge. Doch so sehr wir von der Willenskraft eines Alexander Solschenizyn beeindruckt sein mögen – es geht um mehr als um menschliche Willenskraft. Es geht um die Kraft Gottes. Wer Ihm gehorcht und Jesus nachfolgt, wird sie erfahren. Überschlagen Sie die Kosten – und lassen Sie sich ein auf das spannende Abenteuer der Nachfolge Jesu. Es gibt nichts Besseres auf dieser Welt.

~6~
Die Zukunft in Gottes Hände legen

Ich kannte das Gefühl, denn es war nicht das erste Mal gewesen. Ich war noch keine zehn Jahre alt und tief verletzt, weil mich jemand „Blödmann“ genannt hatte. Genau genommen hatte er noch einen weitaus schlimmeren Ausdruck benutzt, den ich aber hier nicht zitieren möchte. Ich lief zu meiner Mutter, und während mir die Tränen über das Gesicht strömten, nahm sie meinen Kopf in ihre Hände und tröstete mich mit dem Reim: „Stock und Stein bricht dir das Bein, aber Worte machen keine Pein!“ Meine Mutter war allerdings nicht ganz konsequent. Als ich meine Geschwister und Spielkameraden einmal selbst mit einem nicht zitierfähigen Ausdruck titulierte, reagierte sie empört. Einmal bekam ich sogar eine Tracht Prügel, und das nur, weil ich meiner Schwester gegenüber einen bestimmten Kraftausdruck benutzt hatte. „Dieses Wort möchte ich nie, nie wieder aus deinem Mund hören!“, schimpfte meine Mutter. Und ich wusste innerlich, dass sie Recht hatte. Worte können sehr wohl verletzten, und es gibt Ausdrücke, die man niemals vergisst.

Noch heute mag ich es nicht, wenn mich jemand mit einer Bezeichnung tituliert, die ich nicht verdient habe. Andererseits gibt es auch Ausdrücke, die zwar alles andere als angenehm sind, aber eigentlich die Wahrheit auf den Kopf treffen. Insofern kann ein hartes Wort auch ein Zeichen von Wahrhaftigkeit, ja sogar Liebe sein. In der Bibel ist die Bezeichnung „Du Narr!“ (Lukas 12,12) hierfür ein gutes Beispiel. Der Heilige Geist benutzt sie an sehr vielen Stellen der Schrift, und wir tun gut daran, uns seiner Kritik zu stellen. Ein „Narr“ (oder „Tor“, wie es in anderen Übersetzungen heißt) ist ein Mensch, der sein Leben verfehlt hat. Das Merkwürdigste in diesem Zusammenhang ist, dass Gott oft diejenigen Menschen „Toren“ nennt, die wir als „Überflieger“ oder „Erfolgsmenschen“ bezeichnen würden. Wir beneiden ihren Lebensentwurf, Gott verabscheut ihn.

Ich erinnere mich noch sehr gut an die 1980er Jahre, in denen die

Berufsbezeichnung „Yuppie" die Runde machte. Kaum noch jemand weiß heute, was diese *Young Urban Professional People* (frei übersetzt: kreative Freiberufler) damals forderten. Hieß der Slogan in den 70er Jahren noch: *You can have it all* („Du kannst alles haben"), so forderten die Yuppies in den frühen 80ern: *You should have it all:* „Du solltest alles haben!" Frei nach dem Motto: Was Lacostet die Welt? Geld spielt doch keine Rolex! – Wohlstand für alle, vor allem für mich! In den späten 80er Jahren lief die Wirtschaft dann nicht mehr ganz so rund, und die jungen Neureichen begannen über Lebensversicherung, Rente und andere „Spießerthemen" nachzudenken. Doch eines blieb: der Materialismus. Worauf kam es dem Durchschnittsbürger damals wie heute an? Eine Studie zu den Lebensinhalten junger Menschen fasst es folgendermaßen zusammen: „Junge Menschen betonen heute, mehr noch als früher, den Wert des Materiellen. Sie wollen vor allem möglichst schnell möglichst viel Geld verdienen." [4]

Dieser Materialismus machte leider auch vor den Kirchen und Gemeinden nicht Halt. Ich erinnere mich in diesem Zusammenhang an den Ausspruch eines Pastors, den man mit Fug und Recht der Abteilung „Wohlstandsevangelium" zuordnen darf: „Wenn die Mafia Rolls Royce fährt, warum dann eigentlich nicht die Kinder des Schöpfers des Universums?"

Natürlich hat die junge Generation den Materialismus nicht erfunden. Er ist so alt wie die Welt. Aber ich habe den Eindruck, dass sie die Ideologie der „finanziellen Unabhängigkeit" weiter verfeinert hat. Die nächsten Jahrzehnte werden in dieser Hinsicht kaum anders verlaufen. Früher sagte man: „Hast du was, dann bist du was" – heute propagiert man den „Genuss sofort." Die Philosophie ist dieselbe: Gier nach Geld und Wohlstand. Zwar sind Wohlstand und finanzielle Absicherung nicht grundsätzlich verkehrt, aber als Jünger Jesu stehen wir, wenn uns Reichtum zufällt, sehr schnell in der Gefahr, eine Grenze zu überschreiten. Bevor wir uns versehen, befinden wir uns im Feindesland. Nicht umsonst sagt der Herr, dass niemand ihm dienen kann, wenn er sich nicht von allem verabschiedet, was er besitzt (Lukas 14,33).

4 Zitiert in der Zeitschrift *Trinity Journal*, Ausgabe Herbst 1988, Seite 216.

Jesus wandte sich einmal an eine Gruppe von Pharisäern, „die geldgierig waren" (Lukas 16,14). Er kritisierte ihre Haltung, indem er ihnen vorwarf, dass sie dem nachstrebten, was „bei den Menschen hoch angesehen", in den Augen Gottes jedoch „ein Gräuel" ist (Vers 15). Normalerweise freut sich jedermann, wenn er zu Reichtum gekommen ist. Könnte es sein, dass Jesus sich nicht mitfreut? Dass er das verachtet, was wir erstreben? Wir müssen uns dieser Frage stellen. Das „Gleichnis vom reichen Narren" in Lukas 12,13-21 kann uns dabei helfen:

> Es sprach aber einer aus der Volksmenge zu ihm: Meister, sage meinem Bruder, dass er das Erbe mit mir teilen soll! Er aber sprach zu ihm: Mensch, wer hat mich zum Richter oder Erbteiler über euch gesetzt?
> Er sagte aber zu ihnen: Habt acht und hütet euch vor der Habsucht! Denn niemandes Leben hängt von dem Überfluss ab, den er an Gütern hat.
> Und er sagte ihnen ein Gleichnis und sprach: Das Feld eines reichen Mannes hatte viel Frucht getragen. Und er überlegte bei sich selbst und sprach: Was soll ich tun, da ich keinen Platz habe, wo ich meine Früchte aufspeichern kann? Und er sprach: Das will ich tun: Ich will meine Scheunen abbrechen und größere bauen und will darin alles, was mir gewachsen ist, und meine Güter aufspeichern und will zu meiner Seele sagen: Seele, du hast einen großen Vorrat auf viele Jahre; habe nun Ruhe, iss, trink und sei guten Mutes!
> Aber Gott sprach zu ihm: Du Narr! In dieser Nacht wird man deine Seele von dir fordern; und wem wird gehören, was du bereitet hast?
> So geht es dem, der für sich selbst Schätze sammelt und nicht reich ist für Gott!

Wohlstand und das Evangelium

Zum Zusammenhang: Jesus ist auf dem Weg nach Jerusalem, und große Menschenmengen folgen ihm nach. Der Evangelist Lukas spricht von Tausenden, die sich gegenseitig auf die Füße treten

(Lukas 12,1). Währenddessen sind die Feinde Jesu nicht untätig. Sie fangen an, „ihm hart zuzusetzen und ihn über vieles auszufragen (...), damit sie ihn verklagen könnten" (Lukas 11,53). Vor diesem Hintergrund – Bewunderung einerseits, Feindschaft der Pharisäer andererseits – ruft der Herr seine Jünger dazu auf, ihn mutig zu bekennen und sich „vor dem Sauerteig der Pharisäer" zu hüten (Lukas 12,1-3).

Es tritt dann ein Mann auf Jesus zu, der etwas ganz anderes im Sinn hat. Es gibt familiäre Probleme, und sie haben mit einer Erbstreitigkeit zwischen zwei Brüdern zu tun. Der jüngere Bruder ist unzufrieden. Gemäß der Tora und der jüdischen Tradition hat der älteste Bruder die Pflicht, das Erbe zu verwalten. Ihm steht der Hauptanteil zu, und traditionsgemäß bemüht er sich, den ererbten Grundbesitz zu bewahren und bis auf weiteres zu verwalten. Doch sein jüngerer Bruder will Geld sehen. Warum warten, wenn man es jetzt schon ausgeben kann? Es war damals üblich, dass man mit Erbstreitigkeiten zu einem Rabbi ging, dem man vertraute und diesem die Angelegenheit schilderte. Und so sagt der Jüngere: „Meister (hebräisch: „Rabbi"), sage meinem Bruder, dass er das Erbe mit mir teilen soll!" (Lukas 12,13). Der Satz sagt eine Menge aus über den jüngeren Bruder. Er will nämlich gar nicht, dass der Rabbi entscheidet, sondern er weiß schon ganz genau, was richtig und falsch ist. Er will Jesus lediglich benutzen, um etwas gegen seinen Bruder in der Hand zu haben. Das Wohlstandsevangelium scheint so alt wie das Christentum zu sein: Der Mensch meint, er könne Gott benutzen, damit es ihm finanziell besser geht.

Doch der Herr weigert sich strikt, diese Rolle anzunehmen: „Mensch, wer hat mich zum Richter oder Erbteiler über euch gesetzt?" Jesus ist nicht gekommen, um Erbstreitigkeiten zu schlichten oder Finanzfragen zu erörtern. Mehr noch: Finanzangelegenheiten würden seinem Auftrag im Weg stehen. Leon Morris schreibt in seinem Kommentar *The Gospel According to St. Luke* („Das Evangelium nach Lukas") sehr richtig: „Jesus kam, um die Menschen zu Gott zu bringen – und nicht den Wohlstand zu den Menschen."[5] Wir sollten uns diesen Satz gut merken, denn irgendwann einmal könnten auch wir irgendwelchen selbst ernannten Predigern begegnen, die uns

5 Seite 212

vorgaukeln, Gott nachzufolgen würde sich finanziell auszahlen. Mag sein, dass hier tatsächlich jemand von seinem älteren Bruder übervorteilt worden ist, doch Jesus macht ihm klar: „Wenn du dein Recht bekommst, ist das nicht unbedingt das Beste für dich." Es geht um mehr als um Geld, und es gibt weitaus schlimmere Dinge, als um ein Erbe betrogen zu werden oder finanzielle Verluste zu erleiden.

Was Jesus damit meint, wird klar, als er sich von dem jüngeren Bruder ab- und der nachfolgenden Menge zuwendet („er aber sagte zu ihnen"). Hören wir die Worte des Herrn: „Habt acht und hütet euch vor der Habsucht! Denn niemandes Leben hängt von dem Überfluss ab, den er an Gütern hat."

Deutlicher kann man es nicht ausdrücken. Geldgier und Habsucht sind keine abstrakten, sondern sehr konkrete Sünden, auch wenn sie auf Anhieb nicht immer gleich zu erkennen sind. Es gilt in vielen evangelikalen und pietistischen Kreisen als ausgemacht, was unter „schweren Sünden" zu verstehen ist: Mord, Ehebruch, Alkoholismus und vieles andere mehr, je nachdem, worüber der Pastor oder Prediger am liebsten spricht. Doch Jesus selbst hat sehr viel mehr über die Habsucht gesagt als über Ehebruch und Trinken.

Da ich schon etwas älter bin, fällt mir in diesem Zusammenhang immer der Name einer Politikergattin ein: Imelda Marcos. Nachdem ihr Mann, Ferdinand Marcos, alle politischen Ämter verloren hatte, und die beiden auf der Flucht waren, staunte man auf den Philippinen nicht schlecht, als man den Schuhschrank der ehemaligen Schönheitskönigin entdeckte: Dort standen nicht zig Paar Schuhe, sondern ein paar Tausend! Die Dame hatte anscheinend einen „Schuhtick." Doch Habsucht ist auch dann ein Problem, wenn sie weniger auffallend daherkommt. Wie der Begriff schon sagt, ist Habsucht die Gier nach Dingen. Vielleicht sogar nach schönen Dingen. Es ist das genaue Gegenteil von Zufriedenheit. Im Ersten Timotheusbrief wird die „Genügsamkeit" als Tugend genannt (1.Tim. 6,6). Habgierige jedoch haben nie genug, so viel sie auch besitzen mögen. J.D. Rockefeller wurde einmal gefragt, wie viel genug sei. Seine Antwort soll gewesen sein: „Immer ein Dollar mehr, als ich gerade habe."

Bevor wir jedoch mit dem Finger auf andere Menschen zeigen,

sollten wir uns eines klarmachen: Geldgier und Habsucht wurzeln im menschlichen Herzen. Es sind innere Einstellungen, und sie haben nur bedingt mit dem tatsächlichen Besitz zu tun. Es gibt arme Menschen, die habgierig sind und reiche, die genügsam sind. Natürlich sind die Reichen besonderen Gefahren ausgesetzt. Sie merken, wie kaum jemand anders, wie es sich anfühlt, viel zu besitzen – und deshalb wollen sie immer mehr. Ivan Boesky war in den 1980er Jahren einer der bekanntesten amerikanischen Börsenspekulanten. Bevor er wegen illegaler Insidergeschäfte zu einer Strafzahlung von 100 Millionen Dollar verurteilt wurde, hieß er überall *The Darling of Wallstreet* (zu deutsch etwa: Der Liebling der Börse). Vor dem Skandal, der in die Geschichte einging, sagte dieser Mann wörtlich: „Wissen Sie was? Geldgier ist okay! Ich sage es noch einmal: Scheuen Sie sich nicht, immer mehr Geld haben zu wollen. Sie können habgierig und trotzdem ein guter Mensch sein!" Das Nachrichtenmagazin Newsweek kommentierte damals: „Im Rückblick liegt das eigentlich Erstaunliche nicht in den Worten Ivan Boeskys, sondern darin, dass er diese auf der Abschlussfeier einer Wirtschaftshochschule sagte, und dass die Studenten ihm dafür applaudierten und zujubelten."[6]

Die Studenten mögen damals über Boeskys „coole Sprüche" gelacht haben, aber die Gier nach Geld ist absolut nicht lustig. Gott verurteilt sie auf das Schärfste. Er nennt die Habsucht „Götzendienst" (Kolosser 3,5). „Habt acht und hütet euch vor der Habsucht! Denn niemandes Leben hängt von dem Überfluss ab, den er an Gütern hat (Lukas 12,15)." Immer wenn ich diesen Vers lese, muss ich an den türkischen Ringkämpfer Yusuf İsmail (1857–1898) denken. Der Mann, damals Meister im Schwergewicht, fuhr mit dem Schiff nach Amerika, um gegen Strangler Lewis zu kämpfen. Es ging um die Weltmeisterschaft, und Yusuf, der in den USA nur unter dem Namen Yussif the Turk bekannt war, gewann den Kampf. Der Preis betrug 5000 Dollar in Gold, und Yusuf bestand darauf, dass man ihm die Goldstücke direkt aushändigte. Er steckte sie in den bunten Gürtel, den er umgebunden hatte, und schwor, sie erst wieder hervorzuholen, wenn er wieder zu Hause angekommen

6 Newsweek, Ausgabe vom 1. Dezember 1986.

war. Yusuf ging an Bord eines Ozeandampfers, der ihn sicher nach Europa bringen sollte – doch es kam anders. Das Schiff wurde mitten im Altantik von einem schweren Sturm getroffen und geriet in Seenot. Yusuf İsmai versuchte, ein Rettungsboot zu erreichen, sprang jedoch daneben. Durch das schwere Gold in seinem Gürtel wurde er sofort unter Wasser gezogen und gilt seither als vermisst. Was für eine tragische Illustration der Worte des Herrn zum Thema „Habsucht."

Reich, aber dumm

Jesus belässt es nicht dabei, uns eine rein theoretische Warnung zu geben. Im Gleichnis vom „reichen Narren" führt er uns einen „Yuppie" aus biblischen Zeiten vor Augen. Sein Geld hat für ihn gearbeitet, und mit dem Erlös hat er ein Stück Land erworben, das eine fantastische Ernte abwirft. Die Bibel kritisiert nicht den Wohlstand an sich. Jesus sagt auch nichts über die Art und Weise, wie der Mann zu seinem Reichtum gelangte, oder ob es sich gehört, so viel zu haben. Entscheidend ist immer, was man damit macht. Und auch bei der Geldvermehrung kommt es weniger darauf an, was man tut, als was man denkt. Auch die Entscheidung, die Vorräte gut unterzubringen und deshalb neue Scheunen zu kaufen, ist nicht an sich falsch. Falsch sind die Werte des Mannes. Kritisiert wird seine innere Einstellung. Sie lässt sich mit drei Begriffen charakterisieren, die alle etwas miteinander zu tun haben: Egoismus, Materialismus und Hedonismus[7].

Erstens: *Egoismus.* Man erkennt ihn schon daran, wie oft die Worte „ich" und „mein" in der Geschichte auftauchen. „Was soll ich tun?" – „Das will ich tun ..." Ich, ich, ich. Das ganze Denken dieses Mannes kreist um das eigene Ich. Er möchte es sich gut gehen lassen. Er lebt nach der Devise: Das habe ich mir verdient. Man gönnt sich ja sonst nichts. Unterm Strich zähl ich! Zwar gab es damals die Werbesprüche unserer modernen Zeit noch nicht, doch inhaltlich sind sie absolut nichts Neues. Die Menschen vor zweitausend Jahren „tickten" kein bisschen anders als wir heute.

7 Als Hedonismus wird häufig eine nur an momentanen Genüssen orientierte egoistische Lebenseinstellung bezeichnet. (Quelle: wikipedia)

Zweitens: *Materialismus.* Der Mann lebt nach der Überzeugung: Letztlich zählt nur das Geld. Größere Scheunen führen zu immer größeren Scheunen. Leben ist, was man daraus macht. Und das wahre Leben ist ein Leben in finanzieller Unabhängigkeit. Im Denken dieses Mannes ist die Größe der Vorratskammern proportional zur Qualität seines Lebens. Er wäre mit mittelgroßen Scheunen ebenso wenig zufrieden gewesen wie Imelda Marcos mit einem mittelgroßen Schuhschrank.

Drittens: *Hedonismus.* Ein Hedonist ist ein Genussmensch. Er lebt nach dem Motto des maximalen Lustgewinns bei minimaler Leiderfahrung. Das Ziel des Lebens ist erreicht, wenn man sich entspannt zurücklehnen und sagen kann: „Seele, du hast einen großen Vorrat auf viele Jahre; habe nun Ruhe, iss, trink und sei guten Mutes!“ (Lukas 12,19). Auch hier sollten wir den Gesamtzusammenhang der Bibel beachten. Sie hat nichts dagegen, wenn wir es uns gut gehen lassen. „Wenn irgendein Mensch isst und trinkt und Gutes genießt bei all seiner Mühe, so ist das auch eine Gabe Gottes“, heißt es im Buch des Predigers (Prediger 3,13). Und der Apostel Paulus schreibt an Timotheus, dass Reichtum ein Geschenk von Gott ist, „der uns alles reichlich zum Genuss darreicht“ (1.Timotheus 6,17). Wenn es auch in Ordnung ist, dass wir uns an dem freuen, was uns zufällt, so ist es doch völlig verkehrt, die Lust an den Dingen zum Inhalt unseres Lebens zu machen, so wie es der reiche Kornbauer tut. Er ist der Meinung, dass er kraft seines Wohlstandes der Herr ist über seine Gegenwart und Zukunft.

Wieder fallen mir in diesem Zusammenhang die „coolen Sprüche“ der Neu- und Altreichen ein, die sich, zumindest inhaltlich, seit Jahrtausenden nicht verändert haben: Alle denken nur an sich, nur ich denke an mich. – Man gönnt sich ja sonst nichts! – Warum sich mit weniger als dem Besten zufrieden geben? – Geld macht nicht glücklich, aber es beruhigt ungemein. Was für ein wohlklingender Unsinn! Irgendwann platzt die Blase, nicht nur an der Börse, sondern auch in den persönlichen Finanzen. Gott kritisiert den dummen, reichen Kornbauern, und mit ihm jeden Menschen, der seine Einstellung teilt: „Du Narr! In dieser Nacht wird man deine Seele von dir fordern; und wem wird gehören, was du bereitet hast?“

Worin besteht die Torheit dieses Menschen? Wiederum möchte ich drei Aspekte ansprechen, die seinen fehlenden Realitätssinn charakterisieren:

1. Der Mann ist kein Erfolgsmensch, sondern ein Beispiel für Dummheit. Mag sein, dass sein Lebensstil in den Augen der Gesellschaft als beneidens- und nachahmenswert gilt. Doch in den Augen Gottes hat der Grundbesitzer sein Leben verfehlt. Er ist zu bemitleiden. Mehr noch: Er ist ein Dummkopf, ein Tor. Das Wort „Tor" bezeichnet in der Heiligen Schrift nicht etwa Menschen, die geistig behindert sind, sondern solche, denen der Blick für die geistlichen Realitäten fehlt. Der „Tor" des Alten Testaments (der Begriff taucht besonders oft in den Psalmen und den Sprüchen Salomos auf) ist ein Mensch, der so lebt, als würde es keinen Gott geben. Wahrscheinlich tauchen deshalb die Worte „ich" und „mein" so oft in seinem Reden auf. Gott kommt nicht vor bei den Dummen.

2. Der Mann ist Sklave, und nicht Herr seines Besitzes. Der reiche Landbesitzer ist davon überzeugt, die Kontrolle über sein Leben zu besitzen. Mehr noch: Er glaubt, dass sein Wohlstand ihm diese Kontrolle ermöglicht. Doch Gottes Wort macht ihm klar, dass seine Lebenszeit nicht in seinen Händen steht, sondern in den Händen Gottes: „Diese Nacht wird man dein Leben von dir fordern." Das griechische Verb für „fordern" kann auch „zurückfordern" bedeuten. Es ist ein Wort aus der Geschäftssprache, das oft im Zusammenhang mit Darlehen benutzt wird. Der reiche Mann braucht den Hinweis auf seinen sicheren Tod, um zu lernen, was jeder früher oder später lernen muss: Das Leben gehört Gott. Unser Atem ist nur von Ihm geliehen. Er hat jederzeit das Recht, das von Ihm gegebene zurückzufordern. Der Reiche, der dachte, er hätte sein Leben in der Hand, ist ein Trottel. „Wem wird gehören, was du (für dich) bereitet hast?" Eine mögliche Antwort auf diese Frage gibt der Prediger Salomo im Alten Testament: „Ich hasste auch alle meine Arbeit, womit ich mich abgemüht hatte unter der Sonne, weil ich sie dem Menschen überlassen muss, der nach mir kommt. Und wer weiß, ob der weise sein wird oder ein Narr?" (Prediger 2,18-19).

3. Der Mann ist arm trotz seines Reichtums. Wenn er der Wahrheit ins Auge sieht, muss er erkennen, dass er vor dem Nichts steht.

„Müh' und Arbeit war sein Leben" – aber wofür? Der Landbesitzer hat in die Vergänglichkeit investiert, und nicht in die Ewigkeit. Der Tod ist deshalb so schlimm, weil er uns klarmacht, was wir alles verlieren werden. Für den reichen Narren bedeutet dies: Scheunen, Vorratskammern, Mitarbeiter, denen er vertraut hat (oder über die er geherrscht hat), der gute Ruf, den er sich erworben zu haben glaubt. Das alles vergeht. Nichts bleibt. Das letzte Hemd hat keine Taschen. „So geht es dem, der für sich selbst Schätze sammelt und nicht reich ist für Gott!" (Lukas 12,21).

Der Vers sollte auch uns zum Nachdenken bringen. Bin ich vielleicht auch ein „Narr" in Gottes Augen? Ein Dummkopf? Wie würde Gott über mein Leben urteilen? Der von den Auca-Indianern ermordete Missionar Jim Elliot (1927–1956) sagte einmal: „Der ist kein Tor, der hingibt, was er nicht behalten kann, um zu gewinnen, was er nicht verlieren kann."[8]

Doch nicht nur der reiche Kornbauer war ein Tor, viele unter den Gläubigen sind es nicht minder. Ihre Torheit ist allerdings von einer anderen Art. Die weltliche Torheit denkt: „Gott brauche ich nicht – und Geld kann man nie genug haben." Die „geistliche Torheit" dagegen denkt: „Kann ich es riskieren, Gott alles auszuliefern? Wer weiß, ob er mich versorgt, wenn ich mich von allem verabschiede?" Dieser Art von Torheit begegnet der Herr Jesus mit den folgenden Worten:

> Sorgt euch nicht um euer Leben, was ihr essen sollt, noch um den Leib, was ihr anziehen sollt. Das Leben ist mehr als die Speise und der Leib mehr als die Kleidung. Betrachtet die Raben! Sie säen nicht und ernten nicht, sie haben weder Speicher noch Scheunen, und Gott nährt sie doch. Wie viel mehr seid ihr wert als die Vögel! Wer aber von euch kann durch sein Sorgen zu seiner Lebenslänge eine einzige Elle hinzusetzen? Wenn ihr nun nicht einmal das Geringste vermögt, was sorgt ihr euch um das Übrige?
>
> Betrachtet die Lilien, wie sie wachsen! Sie mühen sich nicht und spinnen nicht; ich sage euch aber: Selbst Salomo in all seiner Herrlichkeit ist nicht gekleidet gewesen wie eine von

8 Elisabeth Elliot: *Im Schatten des Allmächtigen*. Das Tagebuch Jim Eliots. SCM R. Brockhaus Verlag.

ihnen! Wenn aber Gott das Gras auf dem Feld, das heute steht und morgen in den Ofen geworfen wird, so kleidet, wie viel mehr euch, ihr Kleingläubigen! Und ihr sollt auch nicht danach trachten, was ihr essen oder was ihr trinken sollt; und beunruhigt euch nicht! Denn nach all diesem trachten die Heidenvölker der Welt; euer Vater aber weiß, dass ihr diese Dinge benötigt. Trachtet vielmehr nach dem Reich Gottes, so wird euch dies alles hinzugefügt werden!

Fürchte dich nicht, du kleine Herde; denn es hat eurem Vater gefallen, euch das Reich zu geben. Verkauft eure Habe und gebt Almosen! Macht euch Beutel, die nicht veralten, einen Schatz, der nicht vergeht, im Himmel, wo kein Dieb hinkommt und keine Motte ihr Zerstörungswerk treibt. Denn wo euer Schatz ist, da wird auch euer Herz sein. (Lukas 12,23-34)

Wo mein Schatz ist, da ist mein Herz

Jesu Rede über das unnütze Sorgen beginnt mit den Worten: „Und er sprach zu seinen Jüngern" (Lukas 12,22). Das heißt, seine Worte richten sich an die Gläubigen und nicht an die Menge. Denn Jesus weiß, dass das Sorgen zu den hartnäckigsten Sünden seiner Nachfolger gehört. Die Gründe dafür liegen auf der Hand: Nachfolge bedeutet hundertprozentigen Gehorsam. Damals bedeutete es oft auch, sein Haus zu verlassen (Matthäus 19,29), und so ist es ganz natürlich, dass sich die Jünger des Herrn die Frage nach der Altersversorgung stellen. Jeder Christ weiß in seinem Kopf, dass Gott versprochen hat allen Mangel auszufüllen (Philipper 4,19) – nur: bis es das Herz begriffen hat, dauert es oft sehr lange. Es heißt in den Sprüchen Salomos: „Kummer drückt das Herz eines Mannes nieder" (Sprüche 12,25). In der Tat: Sorgen führen auch zu physischen Problemen. Wir bekommen Kopfschmerzen, Magengeschwüre, Herzprobleme oder sogar Krebs. Jemand hat es einmal drastisch so ausgedrückt: Nicht durch das, was wir essen, bekommen wir Geschwüre, sondern durch das, was uns aufisst. Angst und Sorge fressen auch an der Heilsgewissheit und am inneren Frieden.

Was meint der Herr, wenn er von Sorgen spricht? Sicher nicht die recht verstandene Vorsorge, das Planen, Haushalten und an Morgen Denken unter der Maßgabe von Jakobus 4,15 („so der Herr will und wir leben“). Jesus meint übertriebene, furchtsame Gedanken um unsere Zukunft. Er weist uns auf das sorglose Leben der Vögel hin. Das heißt jedoch nicht, dass er möchte, dass wir uns auf das Niveau der Tiere begeben. Jesus sprach diese Worte im ländlichen Palästina, in einer Gegend, wo sich die meisten Menschen von Ackerbau und Viehzucht ernährten, vergleichbar etwa mit dem Leben auf den Reisfeldern der heutigen „Dritten Welt.“ In biblischen Zeiten musste man für sein tägliches Brot hart arbeiten. Niemand schenkte es einem, und ein Sozialstaat existierte nicht. So oft sind die Worte „Sorget nicht um euer Leben“ missverstanden worden. Es geht nicht um eine vernünftige Lebensplanung. Was in dem Gleichnis gemeint ist, kommt sehr schön in der bekannten Geschichte zum Ausdruck, in der sich Martha bei Jesus über die fehlende Hilfe ihrer Schwester Maria beklagt. „Martha aber machte sich viel zu schaffen mit der Bedienung“, lesen wir in Lukas 10,40. Dies führt dazu, dass sie die Gegenwart des Herrn nicht genießen kann. Ihre Gedanken sind woanders. Sie sind „entzweit.“ Das griechische Wort für „sich sorgen“ heißt wörtlich übersetzt: „in zwei Sinnen (oder Seelen) sein.“ Martha hat Angst, die Arbeit nicht zu schaffen. „Angst“ kommt von *angere*, dem lateinischen Wort für „beengen, beklemmen, einschnüren.“ Deshalb ruft Jesus Martha zur Ruhe: „Martha, Martha, du machst dir Sorge und Unruhe um vieles; eines aber ist Not. Maria aber hat das gute Teil erwählt; das soll nicht von ihr genommen werden“ (Lukas 10,41f). Falsches Sorgen ist ängstliches Sorgen. Es ist die Angst, die uns beherrscht und von dem abhält, was wirklich wichtig ist.

Einem ängstlichen Menschen nun zu sagen: „Mach dir keine Sorgen. Alles wird gut!“ ist nicht wirklich hilfreich. Solche dummen Sprüche zeugen von fehlendem Realitätssinn und fehlendem Wissen. Sie sind nicht mehr wert als ein besserwisserisches Schulterklopfen. „Kopf hoch! Wird schon wieder!“ Warum sollte es denn wieder werden? Jesus möchte, dass wir unseren Verstand benutzen. Er fordert uns in dem Gleichnis zum Nachdenken auf. Er sagt uns nicht nur, dass wir uns keine Sorgen machen brauchen, er erklärt uns auch warum wir uns keine Sorgen machen brauchen.

Erstens ist Sorgen töricht (Lukas 12,22-24). Es ist genauso dumm, wie das Denken des reichen Kornbauern. Er meinte, sein Leben bestehe in seinem Besitz. Doch Leben ist mehr als Besitz, mehr als Kleidung und Essen. Gott hat versprochen, uns mit beidem zu versorgen. Er versorgt nicht nur die Vögel unter dem Himmel. Er versorgt auch seine Kinder. Wer sich sorgt, hat diese Realitäten aus den Augen verloren. Ein solcher Mensch hat vergessen, wer er ist, nämlich Gottes geliebtes Kind. Und er hat vergessen, wer Gott ist, nämlich der Vater, der an uns denkt und für uns sorgt.

Zweitens ist Sorgen sinnlos. Es nützt nichts (Lukas 12,25-28). Sorge kann sehr wohl das Leben verkürzen, es aber niemals verlängern – und Gott, der die Blumen auf dem Feld herrlich kleidet, wird auch uns mit dem versorgen, was wir brauchen. Ängstliches Sorgen misstraut der göttlichen Fürsorge. Es führt zu nichts. Es geht also nicht darum, sorglos zu sein, sondern vertrauensvoll. Ein bisschen Nachdenken hilft uns zu erkennen, dass sich unsere Sorgen meist um Dinge drehen, die wir nicht ändern können (die Vergangenheit), über die wir keine Kontrolle haben (die Gegenwart) oder die vielleicht gar nicht eintreffen (die Zukunft). Wie viel besser ist es doch, stattdessen auf Gott zu vertrauen!

Drittens ist Sorgen ein Zeichen des Unglaubens. Wenn sich unser Denken nur noch um unsere persönlichen Bedürfnisse dreht, sind wir zu glaubenslosen Menschen geworden. Wenn das Evangelium wahr ist, sollte sich unser Leben schon von dem der anderen Menschen unterscheiden. Oswald Chambers hat einmal gesagt: „Unser gesamtes Ängstigen und Sorgen liegt darin begründet, dass wir ohne Gott rechnen.“[9] Sorgen ist das Resultat eines unvollständigen Wissens über Gott. Gott ist unser Versorger. Er weiß, was wir brauchen, und Er handelt entsprechend. Was wir über Gott denken wird Auswirkungen darauf haben, wie wir über das Leben denken. Und wie wir über das Leben denken, wird bestimmen, womit sich unsere Gedanken beschäftigen. Wir sollten uns schon „Gedanken machen“ – nur um das Richtige. Was das ist? „Trachtet zuerst nach Gottes Reich“ ermahnt uns Jesus (Matthäus 6,33). Wir brauchen das Sorgen also nicht abzuschalten. Es kommt nur darauf an, dass

9 Oswald Chambers. *Run Today's Race.* Verlag Marshall, Morgan & Scott, 1968.

wir uns um das Richtige sorgen: Die Ausbreitung des Reiches Gottes ist das Einzige, was der Sorgen wert ist.

Furcht ist die kleine Schwester der Sorge. Zu diesem Thema sagt der Herr etwas in den Versen 32 bis 34. Er verlangt einen radikalen Schnitt, was unsere Finanzen und unseren irdischen Besitz anbelangt. Gott möchte nicht, dass wir unser Herz daran hängen. Wir sollen unser Geld loslassen und es in Dinge mit Ewigkeitswert investieren. Der einzige Ort, wo unsere Schätze sicher lagern, heißt Himmel. Unser Herz ist immer da, wo unser Schatz ist, und wenn unser Schatz im Himmel ist, ist auch unser Herz am rechten Fleck. David Gooding schreibt in seinem Kommentar zum Lukasevangelium:

> Der Himmel ist für einen Menschen so lange keine Realität, bis er bereit ist, sein sauer verdientes Geld dort zu investieren und von den Zinsen zu leben. Andererseits gilt: Je mehr man das tut, umso mehr wird der Himmel zur Realität.[10]

Es geht in unserem Leben also nicht darum, wie groß unser Schatz ist. Es geht darum, wo er sich befindet. Der Schatz des reichen Kornbauern war von dieser Welt. Der Mann war ein „Tor“, ein Dummkopf. Er baute sein Leben auf ein Fundament, das nicht trug. Wer in der Nachfolge Jesu steht, ist „reich für Gott.“ Er hat einen Schatz im Himmel, der niemals vergeht. Dwight L. Moody sagte einmal: „Wenn ich mich mit einem Menschen unterhalte, brauche ich etwa eine Viertelstunde, um herauszufinden, ob sein Schatz im Himmel oder auf der Erde ist.“

Niemand möchte von Gott das Etikett „Narr“ angeheftet bekommen. Wie wir das vermeiden können? Indem wir uns entscheiden: für die Bescheidenheit, gegen den Luxus. Für die Mitmenschlichkeit, gegen die Gier. Gegen die Anbetung des Dollars – und für das, was auf jeder Banknote in den Vereinigten Staaten zu lesen ist: *In God we trust* (zu deutsch: „Wir vertrauen auf Gott“).

10 David Gooding. *According to Luke.* Inter-Varsity Press, 1987, Seite 241.

~7~
Die Zukunft absichern

Wer möchte schon gerne von Jesus als „Tor“ oder „Narr“ bezeichnet werden? Ich jedenfalls nicht. Meine Lebensziele sind Weisheit und Gehorsam, und nicht Torheit oder die Auflehnung gegen biblische Werte. Aber es gibt neben der Bezeichnung „Narr“ im Neuen Testament noch ein weiteres Wort, über das ich schon oft gestolpert bin. Es ist das griechische Adjektiv *phronimos*, das soviel wie „klug“ oder „schlau“, aber auch „gerissen“ bedeutet. Es gibt ein ganzes Gleichnis, das sich um diesen Begriff dreht. Ich meine die Geschichte vom „ungetreuen Haushalter.“ Ganz sicher bin ich mir allerdings nicht, ob diese (von Menschen hinzugefügte) Überschrift den Sachverhalt wirklich trifft. Die alte Lutherübersetzung verwendet das Wort „klüglich“ (Lukas 16,8), das schon ein wenig mehr nach „Schläue“ und vielleicht sogar „Trickserei“ klingt, und in der „Hoffnung für alle“ heißt die Geschichte gar: „Das Gleichnis vom durchtriebenen Verwalter.“ Auch in der Zürcher Übersetzung wird der Haushalter als „durchtrieben“ bezeichnet, und Hermann Menge bezeichnet ihn als „untreu, aber klug.“ Die meisten englischen Übersetzungen benutzen den Begriff *shrewd*, in dem alle oben genannten Aspekte mitschwingen. Der Mann, um den es geht, war jedenfalls alles andere als dumm oder naiv. Er war ein schlauer Fuchs und scheute in seinem Verhalten auch nicht vor ein paar Tricks zurück.

Wenn wir das Wort „tricksen“ hören, denken wir unwillkürlich an „austricksen“, „übervorteilen“ oder „über den Tisch ziehen.“ Vor meinem inneren Auge sehe ich einen Rechtsanwalt, der alle Lücken und Grauzonen des Gesetzes kennt, der zwar formaljuristisch korrekt handelt, aber eigentlich zu einem unethischen Ergebnis kommt. Oder einen Geschäftsmann, der die Unerfahrenheit seiner Mitbewerber gnadenlos zu seinem eigenen Vorteil ausnutzt. Wer „gerissen“ ist, handelt eigentlich immer unethisch. Was mag Martin Luther gedacht haben, als er sich in seiner Übersetzung für das

Adjektiv „klüglich“ entschied? Hat unser Herr Jesus, als er auf der Erde lebte, „klüglich“ gehandelt? Passen diese Worte überhaupt zum Sohn Gottes?

Oft stellen wir uns Jesus in einem hellen Gewand vor, als einen bärtigen Mann, der ein Lamm über der Schulter trägt oder Kinder im Arm hält. Weniger oft sehen wir Bilder von Jesus, die ihn in seinem Beruf als Zimmermann zeigen. Diese Menschen mussten hart arbeiten, schwitzten viel und hatten sicher nicht immer frisch gewaschene Hände und saubere Fingernägel. Sich Jesus gar als einen Geschäftsmann vorzustellen, der mit Händlern und Kunden über Preise verhandelt und am Ende des Jahres Steuern bezahlt, sprengt völlig den Rahmen unserer Vorstellung. Doch alle diese Dinge gehörten ebenso zum Leben Jesu wie die Bergpredigt oder die Speisung der Fünftausend.

Und seine Jünger – die Menschen, die in der Nachfolge Jesu stehen? Auch hier haben wir Schwierigkeiten mit der Bezeichnung „klug“ oder gar „gerissen.“ Wir Christen werden angehalten, „immer den untersten Weg zu gehen“, und wenn wir nach Charakterbezeichnungen für die „Stillen im Lande“ suchen, fallen uns Wörter wie „langmütig“, „geduldig“ und „sanftmütig“ ein. So wichtig diese Eigenschaften sind – wir werden unserem Herrn nicht gerecht, wenn wir nur die milde Seite des Christseins betonen. Ihr gegenüber steht Realitätssinn, Pragmatismus, ein „klug sein wie die Schlangen“ und auch eine gewisse Schläue oder sogar Gerissenheit. Wir leben in der Welt, und wenn es um Geld und Besitz geht, sollten wir die Dinge nicht vorschnell vergeistlichen.

Von vielen Gleichnissen, die Jesus erzählt hat, geht eine Art Schockwirkung aus. Sie überraschen uns und lassen uns staunen. Der Ausgang einer Gleichniserzählung sorgt nicht selten für Überraschungen, und fast immer sind die Helden der Gleichnisse die, von denen man es am wenigsten erwartet hätte. Wenn diese Charakterisierung auf ein Gleichnis des Herrn besonders zutrifft, dann auf das vom ungerechten Verwalter. Wir finden es im 16. Kapitel des Lukasevangeliums, und es gibt wohl kaum ein Gleichnis, über das Bibelausleger und Theologen kontroverser diskutiert hätten als über dieses. Doch auch wenn wir nicht alle Fragen beantworten können, die das Gleichnis aufwirft, zeigt es uns doch einige wichtige Aspekte des Christenlebens, die wir beherzigen sollten. Das Gleichnis selbst ist in den Versen 1-8 überliefert. Die Auslegung des Herrn und die Prinzipien, die es uns lehren will, schließen sich unmittelbar daran an.

> Er sprach aber auch zu den Jüngern: Es war ein reicher Mann, der hatte einen Verwalter; der wurde bei ihm beschuldigt, er verschleudere ihm seinen Besitz. Und er ließ ihn rufen und sprach zu ihm: „Was höre ich da von dir? Gib Rechenschaft über deine Verwaltung; denn du kannst hinfort nicht Verwalter sein." Der Verwalter sprach bei sich selbst: „Was soll ich tun? Mein Herr nimmt mir das Amt; graben kann ich nicht, auch schäme ich mich zu betteln. Ich weiß, was ich tun will, damit sie mich in ihre Häuser aufnehmen, wenn ich von dem Amt abgesetzt werde." Und er rief zu sich die Schuldner seines Herrn, einen jeden für sich, und fragte den ersten: „Wie viel bist du meinem Herrn schuldig?" Er sprach: „Hundert Eimer Öl." Und er sprach zu ihm: „Nimm deinen Schuldschein, setz dich hin und schreib flugs fünfzig." Danach fragte er den zweiten: „Du aber, wie viel bist du schuldig?" Er sprach: „Hundert Sack Weizen." Und er sprach zu ihm: „Nimm deinen Schuldschein und schreib achtzig."
> Und der Herr lobte den ungetreuen Verwalter, weil er klug gehandelt hatte; denn die Kinder dieser Welt sind unter ihresgleichen klüger als die Kinder des Lichts. Und ich sage euch: Macht euch Freunde mit dem ungerechten Mammon, damit, wenn er zu Ende geht, sie euch aufnehmen in die ewigen Hütten. (Lukas 16,1-8, Lutherübersetzung 1984)

Zum Zusammenhang: Das 15. Kapitel des Lukasevangeliums enthält drei Gleichnisse: vom Verlorenen Schaf, von der Verlorenen Drachme und vom Verlorenen Sohn. Sie alle handeln vom himmlischen Vater, der sich um das Verlorene kümmert. Im 16. Kapitel beginnt thematisch ein neuer Abschnitt. Das Gleichnis vom untreuen Haushalter hat nichts mit der Suche Gottes nach den Verlorenen zu tun. Und doch gibt es einige inhaltliche Parallelen. Auch hier geht es um die Finanzen. Der verlorene Sohn verschleudert das Vermögen seines Vaters (Lukas 15,13); der ungerechte Haushalter verschleudert den Besitz seines Herrn (Lukas 16,1). Auch im zweiten Gleichnis des 16. Kapitels („Der reiche Mann und der arme Lazarus") geht es um Geld. Lukas weist darauf hin, dass die Gleichnisse zwar an die Jünger gerichtet sind, dass es aber die Pharisäer stets mithörten: „Das alles aber hörten auch die Pharisäer, die geldgierig waren, und sie verspotteten ihn" (Lukas 16,14). Der Herr macht es ganz deutlich, dass die Nachfolge nichts für Menschen ist, denen Geld und die Dinge dieser Welt wichtig sind. Wir müssen uns entscheiden: Gott oder Mammon. „Niemand kann zwei Herren dienen" (Matthäus 6,24). Gottesdienst und Geldgier schließen einander aus.

Das Gleichnis führt uns mitten in die Welt der Finanzmärkte, auch wenn es den Begriff „Börse" damals noch nicht gab. Der Mann, um den es geht, ist ein Finanzverwalter. Er kümmert sich um die Güter seines (vermutlich abwesenden) Herrn, der ihm die Verwaltung seines Geschäfts, einschließlich seiner Wertpapiere übertragen hat. Aufgabe des Verwalters ist es, die Interessen seines Vorgesetzten im Auge zu halten, nicht seine eigenen. Aber anscheinend ist die Versuchung groß, etwas von den Geldern und Gütern abzuzweigen. Und so veruntreut der Verwalter eine hohe Summe und wird damit seiner Aufgabe nicht gerecht. Irgendwie bekommt sein Vorgesetzter Wind davon und stellt den Finanzverwalter zur Rede. Dieser muss nun reagieren.

Es gibt an diesem Punkt eine deutliche Parallele zum Gleichnis vom unbarmherzigen Knecht in Matthäus 18. Veruntreuung, mangelhafte Finanzplanung und Verschuldung waren anscheinend in biblischen Zeiten nicht weniger verbreitet als heute. Der untreue Finanzverwalter hat mit Recht die Kündigung verdient. Immerhin gibt ihm sein Chef die Möglichkeit, seine Sicht der Dinge darzustellen. In unserer amerikanischen *Hire and Fire*-Mentalität ist es üblich, dass ein Mitarbeiter seinen Schreibtisch sofort zu räumen hat. Und gelegentlich muss er feststellen, dass die Firma diese Aufgabe bereits für ihn übernommen hat. Ihm bleibt dann nichts weiter übrig, als seinen Karton mit persönlichen Sachen unter den Arm zu nehmen und zu sehen, dass er möglichst schnell den Ausgang findet.

In unserem Gleichnis ist es anders. Der Angestellte hat noch ein kleines Zeitfenster. Seine Kündigung ist unabwendbar, aber sie ist noch nicht in Kraft getreten. Bevor sie bekannt wird, bleibt ihm ein kurzer Moment, in dem er reagieren kann.

Und hier zeigt sich die Schläue, ja Gerissenheit dieses Menschen. Blitzschnell überlegt er, was zu tun ist. Körperliche Arbeit scheidet aus, dafür ist er nicht geschaffen. Betteln will er auch nicht, dafür ist er zu stolz. Da fällt ihm etwas ein. Er erinnert sich an die alte Weisheit: „Eine Hand wäscht die andere." Das Wort „Netzwerken" gab es noch nicht, aber dass „Beziehungen nur dem schaden, der sie nicht hat", wusste man schon damals. Und so denkt sich der Mann, dass er sich die alten Geschäftskontakte warm halten sollte, denn wer weiß, wofür er sie noch einmal braucht. „Man sieht sich immer zweimal im Leben." Und wenn die alten Kunden ihn einmal wiedersehen, soll die Erinnerung so positiv wie möglich sein.

Der Plan des Mannes ist ebenso einfach wie genial. Er ruft die Schuldner einzeln herein, lässt sich den Schuldschein vorlegen und ändert den Betrag. Noch hat er die Autorität dazu, denn noch ist von seiner bevorstehenden Entlassung nichts nach außen gedrungen. „Was schuldest du dem Chef?" – „Hundert Fässer Olivenöl." – „Weißt du was? Heute ist Happy Hour! Ich erlasse dir die Hälfte! Schreiben wir fünfzig! Und du?" – „Hundert Sack Weizen." – „Komm, wir einigen uns auf achtzig; hier ist meine Unterschrift, bitteschön!"

Die Interpretation dieser Vorgänge ist nicht einfach, weil nicht klar ist, was hier eigentlich vor sich geht. Die Ausleger sind unterschiedlicher Ansicht. Manche gehen davon aus, dass die gesamte Transaktion illegal ist, und dass der Verwalter seinen Vorgesetzten schlicht „übers Ohr haut." Das mag so sein, aber ich halte diese Interpretation für nicht überzeugend. Es klingt doch eher so, als ob die Geschäftsbeziehung zwischen den Schuldnern und ihrem Gläubiger weiter bestehen bliebe. Sehr viel wahrscheinlicher ist folgende Variante: Die Transaktion bewegt sich in einer Grauzone. Sie ist nicht „im Sinne des Erfinders", aber auch nicht illegal. Jüdischen Geschäftsleuten war es durch das Gesetz des Mose verboten, von anderen Juden Zinsen einzutreiben (2. Mose 22,24). So blieb die Frage, wie ein Geschäftsmann, der etwas verlieh, überhaupt einen Gewinn machen konnte. Man benutzte deshalb einen Trick. Die Zinsen wurden nicht erwähnt, schon gar nicht in Schekel und Talenten, sondern sie wurden auf die Sach- und Güterebene verlegt. Der Schuldschein enthielt also immer nur die ursprüngliche Geldsumme, und die „Zinsen" tauchten in Form von Öl oder Weizen auf. So wurde der äußere Schein gewahrt (ein Hebräer nimmt keine Zinsen von einem anderen Hebräer), und der hebräische Geschäftsmann kam trotzdem auf seinen Gewinn. Vor allem war dem Gesetz des Mose formaljuristisch Genüge getan.

Wenn diese Theorie stimmt, hat der gerissene Verwalter den Schuldnern lediglich die Zinsen (in Form von Gütern) erlassen, die ursprüngliche Schuldsumme (in Form von Geld) aber nicht verändert. Man konnte ihm also kein illegales Finanzgebaren vorwerfen. Die Schuldner mögen sich gewundert haben („Warum denn das auf einmal?!"), werden sich aber ansonsten über die großzügige Behandlung gefreut haben. Dem Gläubiger waren die Hände gebunden, denn sein Verwalter hatte letztlich legal gehandelt. Und er hatte dafür gesorgt, dass man ihn nicht belangen konnte und die Schuldner ihn in bester Erinnerung behielten.

Das Gleichnis endet mit dem Satz: „Und der Herr lobte den ungetreuen Verwalter, weil er klug gehandelt hatte." Beachten wir, was hier gesagt wird – und auch, was nicht gesagt wird. Der Vorgesetzte sagt nicht, dass ihm die Handlungsweise seines Verwalters gefällt, sondern dass ihn dessen Klugheit beeindruckt. Er mag sich gedacht haben: „Nicht schlecht, dieser Verwalter. Ich habe nichts gegen ihn in der Hand, und er hat sich ein paar Freunde gemacht."

An dieser Stelle ist es wichtig, noch einmal einen Blick auf das Adjektiv „klug" (gr.: *phronimos*) zu werfen, da es im Mittelpunkt der Geschichte steht. Wenn man seine Bedeutung im Wörterbuch nachschlägt, findet man auch die Variante „umsichtig handelnd." Das Adjektiv findet sich beispielsweise auch in Matthäus 7,24, wo von dem klugen Mann die Rede ist, der sein Haus auf den Felsen baute. Oder in Matthäus 25,1-13, dem Gleichnis von den klugen Jungfrauen, die eine Extraportion Öl bei sich trugen und auf diese Weise für die Zukunft vorsorgten. Genauso handelt der kluge Verwalter. Er trifft Vorsorge für die Zukunft. Er macht das Beste aus den Gegebenheiten. Er durchlebt eine Krise, begreift diese Krise aber als Chance und denkt schon heute an Morgen. „Spare in der Zeit, dann hast du in der Not." Und doch ist die Geschichte relativ „schwer verdaulich."

Der „Held" dieser Geschichte ist so ganz anders, als wir es erwartet hätten. Vielleicht ist der Mann auch gar kein Held. Und doch zeigt er uns einige Qualitäten und Strategien, die wir uns als Jünger Jesu zu Herzen nehmen sollten, denn wir können nur davon lernen. Wie die „Moral von der Geschicht'" aussieht ist, wird in den folgenden Versen aus Lukas 16,8b-13 deutlich. Jesus spricht:

> Denn die Kinder dieser Weltzeit sind ihrem Geschlecht gegenüber klüger als die Kinder des Lichts. Auch ich sage euch: Macht euch Freunde mit dem ungerechten Mammon, damit, wenn ihr Mangel habt, sie euch aufnehmen in die ewigen Hütten! Wer im Geringsten treu ist, der ist auch im Großen treu; und wer im Geringsten ungerecht ist, der ist auch im Großen ungerecht.
> Wenn ihr nun mit dem ungerechten Mammon nicht treu wart, wer wird euch das Wahre anvertrauen? Und wenn ihr mit dem Gut eines anderen nicht treu wart, wer wird euch das Eure geben? Kein Knecht kann zwei Herren dienen; denn entweder wird er den einen hassen und den anderen lieben, oder er wird dem einen anhängen und den anderen verachten. Ihr könnt nicht Gott dienen und dem Mammon!

Was wir zu lernen haben

Dass die Kinder dieser Welt die Kinder des Lichts oft übertreffen, wenn es um Geschäftstüchtigkeit und Gewinnmaximierung geht, ist jedem klar, der mit offenen Augen durch die Welt geht. Vor nicht allzu langer Zeit hielt ich mich anlässlich einer Reise im Norden Liberias auf. Ich habe selten Dörfer gesehen, die so weit ab von der Zivilisation lagen, wie in diesem Teil Afrikas. Mir war klar, warum unsere Missionare das Evangelium dorthin trugen. Andererseits begegneten mir auch dort die Ausläufer unserer amerikanischen Zivilisation. Bestimmte Firmen und Ketten waren schon da. Hier war „Big Business" zu machen, und einige Geschäftsleute hatten die

Gelegenheit beim Schopf ergriffen. So sind sie, die Kinder der Welt. Sie halten Ausschau nach Gelegenheiten und scheuen keine Risiken, wenn es um die Erschließung neuer Märkte geht. Sie sind klug – und oft sogar gerissen.

Leider sind die „Kinder des Lichts" weniger geschäftstüchtig. Sie sind weniger visionär und weniger risikobereit. Natürlich ist dies eine Verallgemeinerung, aber die Tendenz habe ich doch immer wieder beobachtet. Sehr oft habe ich den Eindruck, dass Christen etwas ängstlich sind, und dass sie das strategische Denken nicht erfunden haben. Auch Christen haben Geld, aber wie oft verwalten sie es auf eine äußerst naive, ja dumme Art und Weise!

Was können wir also aus dem Gleichnis lernen? Erstens: *Klugheit beim Geldausgeben hat Folgen für die Ewigkeit.* Jesus sagt: „Macht euch Freunde mit dem ungerechten Mammon, damit, wenn er zu Ende geht, sie euch aufnehmen in die ewigen Hütten" (Lukas 16,8, Lutherübersetzung 1984). Der Herr benutzt hier den Begriff „Mammon" und macht damit deutlich, dass Besitz und Geld eine ungeheure Macht ausüben. Es geht um sehr viel mehr als Münzen, Scheine oder Wertpapiere. Mammon ist keine neutrale Größe. Wenn wir unseren Besitz nicht der Autorität Christi unterstellen, wird er zum Götzen und verführt uns zum Bösen. Auf diese Weise wird aus „weltlichen Gütern" der „ungerechte Mammon."

Gott möchte, dass wir uns über die Grenzen von Besitz und Wohlstand im Klaren sind. Wenn ich es recht verstehe, kann man den Satz „wenn er zu Ende geht" auch übersetzen: „wenn es zu Ende geht." Der Vers scheint sich also auf den Tod des Menschen, und nicht auf den Verlust seines Besitzes zu beziehen. „Das letzte Hemd hat keine Taschen", sagt der Volksmund. Die Bibel sagt nichts anderes: „Wir haben nichts in die Welt hineingebracht, und es ist klar, dass wir auch nichts hinausbringen können" (1. Timotheus 6,7). Der kluge Mann baut nicht nur vor, sondern denkt auch daran, dass Geld zwar Macht besitzt, diese Macht aber zeitlich begrenzt ist. Das Problem beim Geld ist, dass es nicht ewig hält. Der mittelalterliche Mönch Bernhard von Clairvaux (1090–1153) hat einmal gesagt: „Das Geld befriedigt den Hunger der Seele genauso wenig, wie die Luft den Hunger des Körpers nach Brot befriedigt."

Eine kluge Finanzplanung berücksichtigt die Frage, wie das Geld in die Ewigkeit investiert werden kann.

„Macht euch Freunde, (...) damit sie euch aufnehmen in die ewigen Hütten." Jeder Christ kommt nach dem Tod in den Himmel. Dort gibt es ein großes Wiedersehen und ein großes Willkommen. Aber nicht jeder Christ wird von denselben Freunden willkommen geheißen werden. Haben wir jedoch während unserer irdischen Zeit dafür gesorgt, dass unser Geld anderen Menschen geholfen hat, können wir uns auf das himmlische Wiedersehen besonders freuen. Vielleicht wird unser Vater den Menschen, die durch unsere Gaben mittelbar zum Glauben gekommen sind, mitteilen, wem sie es zu verdanken haben. Und auch die, deren äußere Not durch unser Geld gelindert wurde, werden es erfahren. Aus Erfahrung weiß ich: Es gibt kaum etwas Schöneres, als im Alter noch einmal den Ort zu besuchen, wo man früher gepredigt oder auf eine sonstige Weise gedient hat, und dann von dankbaren Menschen zu hören, wie viel ihnen dies bedeutet hat. Wenn ich dieses Gefühl auf den Himmel übertrage, freue ich mich schon heute darauf!

Immer wieder weist uns die Bibel darauf hin, dass wir unser Geld klug investieren und dabei die Ewigkeit im Blick haben sollen. Es hat mich sehr bedrückt, als ich vor ein paar Jahren in einer Statistik las, dass der durchschnittliche Christ nicht zehn, sondern nur zwei Prozent seines Einkommens für die Arbeit im Reich Gottes zur Verfügung stellt.[11] Wo blieben die restlichen 98 Prozent? Was haben die knauserigen Spender damit gemacht? Sie wurden offensichtlich für den täglichen Bedarf und die eigenen Bedürfnisse ausgegeben. In einer Welt, wo so viel Not herrscht, ist dies eine überaus traurige Bilanz. Und es ist mit Sicherheit keine kluge Investition mit Ewigkeitswert. Wir Christen sollten schlauer sein. Jeder Gläubige sollte ein kluger Investor sein: klug in der Planung, großzügig in den Visionen und Zielen, besonnen beim Ausgeben und kreativ beim Spenden. Wie kann ich mein Einkommen so einsetzen, dass es möglichst viel Frucht für die Ewigkeit bringt? Das ist die Frage des „klüglich handelnden" Christen. Dabei sollten wir darauf achten,

11 Erhebung der *Chicago Tribune*. Berücksichtigt wurden die Erfahrungen von 31 evangelischen Gemeinden und Werken im Zeitraum zwischen 1968 und 1985. *Chicago Tribune*, Ausgabe vom Juli 1988.

nicht spontan, nicht sentimental und nicht unter Druck zu spenden. Der Herr braucht realistische, nachdenkliche, vorausschauende und an den Fakten orientierte Geber.

Zweitens: *Klugheit in finanziellen Belangen bedenkt, dass es nicht nur um „himmlische Ziele" geht, sondern auch um „himmlische Konsequenzen."* Gute Haushalterschaft hat stets den Himmel vor Augen. Wie sehen die Prinzipien einer solchen Haushalterschaft aus? Über allem steht 1. Korinther 4,2: „Im Übrigen wird von einem Haushalter nur verlangt, dass er treu erfunden wird." Das zweite Prinzip drückt der Herr folgendermaßen aus: „Wer im Geringsten treu ist, der ist auch im Großen treu; und wer im Geringsten ungerecht ist, der ist auch im Großen ungerecht" (Lukas 16,10). Eine Parallelstelle hierzu findet sich in Lukas 12,48: „Denn wem viel gegeben ist, bei dem wird man viel suchen; und wem viel anvertraut ist, von dem wird man desto mehr fordern." Es kommt auf die Treue im Kleinen an. Hudson Taylor sagte einmal sehr treffend: „Kleines ist nie groß, aber Treue im Kleinen ist immer groß."

Treue in finanziellen Angelegenheiten ist vor allen Dingen eine Frage des Charakters. Vor kurzem las ich in einer Biografie über Arthur Wellesley, den Herzog von Wellington (1789–1852), folgenden Satz: „Es gibt bereits eine ganze Reihe von Biografien über den Duke of Wellington, doch ich machte eine Entdeckung, die kein Biograf vor mir gemacht hat. Ich fand in einem Archiv einen Beleg über das, wofür der Herzog sein Geld ausgab – und dies sagt mehr über seinen Charakter aus als alle seine Reden." Wenn dies schon für einen Politiker zutrifft, wie viel mehr für einen Jünger Jesu, der im geistlichen Kampf steht.

Klugheit in finanziellen Dingen öffnet uns die Augen für die Gefahren des Mammon. Im Gleichnis steht der Begriff „Geringes" (Lukas 16,10) neben „ungerechter Mammon" (Vers 11) und „Gut eines anderen" (Vers 12). Stilistisch gesehen handelt es sich hier um einen Parallelismus. Dem gegenüber steht „das Große" (Vers 10), „das Wahre" (Vers 11) und „das Eure" (Vers 12). Unser gegenwärtiger Besitz, sagt der Herr, ist eigentlich etwas Kleines. Genau genommen gehört er uns gar nicht. Wir sind Verwalter, nicht Besitzer. Wenn wir das uns Anvertraute so behandeln, als wäre es unser Eigentum, sind wir nicht viel besser als der ungerechte Verwalter. Wir sind, juristisch gesprochen, immer nur „Besitzer", nie „Eigentümer." Was wir verwalten, soll den Zielen und Vorstellungen unseres Herrn und Meisters dienen. Irdische Güter haben insofern eine pädagogische Aufgabe. Sie erziehen uns dazu, „das Wahre" (Vers 11) im Auge zu behalten. „Trachtet vielmehr zuerst nach dem Reich Gottes und seiner Gerechtigkeit, so wird euch dies alles hinzugefügt werden" (Matthäus 6,33). Kluge Christen denken beim Geldausgeben immer an die Ewigkeit. Sie dienen dem Herrn mit ihren Finanzen, und sie freuen sich auf auf das herzliche Willkommen im Himmel.

Drittens erkennen die Jünger des Herrn (die „Kinder des Lichts"), dass treue Haushalterschaft die beste Vorsorge gegen Gebundenheit an den Götzen Mammon ist. „Ihr könnt nicht Gott dienen und dem Mammon" (Lukas 16,13). Wir können Gott mit dem Geld dienen, aber wir können nicht Gott und dem Geld dienen. Wir müssen uns entscheiden. Kein Mensch kann es zwei Herren recht machen, die einander widersprechen. Der Mammon will immer den Platz Gottes einnehmen. Es gibt keine neutrale Position. Es gibt nur eine Wahl: für oder gegen Gott, für oder gegen den Götzen Mammon. Wenn Gott uns nicht ganz hat, hat uns das Geld ganz. Henry Fielding schrieb einmal: „Wenn du dein Geld zu deinem Gott erklärst, wird es dich plagen wie der Teufel."

Machen wir uns nichts vor: Jeder Mensch hat einen „Gott", dem er dient. Und Jesus macht deutlich: Es gibt im Reich Gottes keine Teilzeitbeschäftigung. Jemand hat einmal gesagt: „Sei ganz sein, oder lass es ganz sein." „Teilzeitnachfolge" ist ebenso unmöglich wie „Teilzeitjüngerschaft." Was geschieht nun, wenn wir uns für die uneingeschränkte Nachfolge entscheiden? Müssen wir dann arm werden wie die Kirchenmäuse? Keineswegs. Nirgendwo steht geschrieben, dass Gott uns das Geld wegnehmen möchte. Er verwandelt es. Er macht es von einem Feind zu einem Freund und Bundesgenossen. Mit einem Hunderter kann man sich ein Haustier zulegen, eine Prostituierte bezahlen oder Heroin kaufen. Man kann aber auch eine Bibel dafür kaufen, einen Missionar unterstützen oder dazu beitragen, dass in Afrika Brunnen gebaut werden. Der kluge Verwalter aus dem Gleichnis nimmt den Schein in die Hand und investiert ihn in seine eigene Zukunft. Der kluge Jünger investiert denselben Schein in Beziehungen und die Ewigkeit.

Als kluge, d.h. „ewigkeitsorientierte“ Investoren stellen wir uns die Frage: Was geschieht mit meinem Geld? Wem kann ich es anvertrauen? Wie kann ich das, was ich habe, am effektivsten für das Reich Gottes einsetzen?

Ich las vor einiger Zeit eine Geschichte über einen Urwaldstamm, die mich an unser Gleichnis erinnerte. Ein moderner Robinson Crusoe strandet irgendwo in der Südsee. Zunächst denkt er, die Insel sei unbewohnt, wird jedoch dann von den freundlichen Ureinwohnern begrüßt. Sie sind nicht nur freundlich. Sie machen ihn sogar zum König. Doch die Sache hat einen Haken. Nachdem unser Robinson die Sprache der Ureinwohner etwas gelernt hat, stellt er fest, dass seine royalen Vorrechte und Pflichten auf genau ein Jahr begrenzt sind. So machen es die Bewohner immer. Der Neuankömmling ist König für ein Jahr, danach bringen sie ihn auf eine verlassene Nachbarinsel und überlassen ihn seinem Schicksal.

Doch der Schiffbrüchige ist ein schlauer Fuchs. Kaum ist er zum König ernannt worden, schickt er mehrere seiner Untertanen auf die Nachbarinsel. Dort sollen sie ihm ein schönes Haus bauen, einen Brunnen graben, Getreide anpflanzen, kurz: alles so herrichten, dass es sich nach der Verbannung dort bestens aushalten lässt. Die Menschen, mit denen er während seines Jahrs als König Freundschaft geschlossen hat, sollen als Vorauskommando schon mal zur Nachbarinsel fahren und sich darauf einstellen, den Rest ihres Lebens ebenfalls dort zu verbringen.

Ich nehme an, die Geschichte ist frei erfunden. Aber sie enthält eine Wahrheit. Hier hat jemand klug, ja gerissen, für die Zukunft vorgesorgt. Als Jünger Jesu sind wir weder Gestrandete noch Könige. Wir sind auf dem Weg zum Haus unseres Vaters. Doch was wir hier auf Erden tun und lassen, hat Folgen für die Ewigkeit. Als kluge Investoren sorgen wir dafür, dass wir auf der anderen Seite von unseren Freunden willkommen geheißen werden. Nur Toren leben für das Geld. Kluge Christen dienen Gott und investieren in sein Reich.

~8~
Die Zukunft bestimmen

Woody Allen ist ein ganz eigener Typ, nicht nur als Regisseur, sondern auch als Schauspieler und Mensch. In fast allen Filmen zeigt er sich als ein zerstreuter Intellektueller, ein Looser, ein etwas verwirrter Fragesteller, der in einer hochkomplexen Welt nicht so recht weiß, wo er hingehört. Man hat ihn den wichtigsten und innovativsten Filmemacher unserer Zeit genannt, eben weil seine Werke so vielschichtig sind und zeigen, wie schwierig das Leben in unserer modernen Zeit sein kann. Sein Werk ist authentisch, weil es autobiografisch gefärbt ist. Trockener Humor mischt sich mit Skeptizismus und einer ganz eigenen Art, das Leben zu sehen und zu meistern – oder auch nicht.

Woody Allen sagt von sich selbst, er sei Atheist. Und doch geht es in seinen Filmen immer wieder um religiöse Themen, vor allem um den Tod. In einem Interview bekannte Allen: „Wissen Sie, was hinter meiner ganzen Schaffenskraft steckt, was die Motivation für meine Filme ist? Ich kämpfe gegen den Tod. Der Tod ist eine furchtbare Tatsache, weil er alle unsere Arbeit zunichte macht. Schon Camus hat gesagt: Nicht nur der Mensch stirbt, alles stirbt. Der Künstler schafft etwas, aber irgendwann wird es vergehen, und nicht nur die Kunst vergeht, das ganze Universum vergeht." Der Interviewer reagierte etwas schockiert und wusste nicht so recht, was er sagen sollte. Dann fragte er den großen Regisseur: „Aber sollten Sie sich nicht darüber freuen, dass Sie durch Ihre Filme unsterblich sind?" Woraufhin Woody Allen mit seinem typischen Gesichtsausdruck trocken sagte: „Wer will denn schon durch sein Lebenswerk unsterblich werden? Ich will unsterblich werden, indem ich nicht sterbe!"

Ein verständliche Reaktion. Doch die Unsterblichkeit, von der Wooden Allen träumt, gibt es nicht. Wir mögen nicht gern über den Tod reden, aber das stört den Tod nicht. Irgendwann kommt er. Er lässt sich nicht ignorieren. New Age-Philosophen versuchen zwar, ihn umzuinterpretieren. Sie reden von einem „Weg, den wir gehen", von Reinkarnation, ewiger Energie und Seelenwanderung. Aber dieses ganze Gerede ändert nichts an dem, was in der Bibel so ausgedrückt wird: „Jeder Mensch muss einmal sterben und kommt danach vor Gottes Gericht" (Hebräer 9,27, HfA).

Immer wieder versuchen Menschen, Informationen darüber zu bekommen, was nach dem Tod geschieht. Das Thema mag faszinierend sein, aber es ist auch brandgefährlich. Auf der einen Seite stehen die Spiritisten, die von Nahtod-Erlebnissen berichten und ihre Seele angeblich auf die andere Seite des Vorhangs geschickt haben. Diesem esoterischen Lager mit „Channeling", Reinkarnation und Seelenwanderung gegenüber stehen die Humanisten, Agnostiker und Atheisten, für die die Seele eine Funktion des Gehirns ist. Sie sind sich sicher: Nach dem Tod ist alles aus. Der Volksmund sagt ganz pragmatisch: „Es ist noch nie jemand zurückgekommen."

Die Bibel zeigt uns, dass es anders ist. Jesus Christus, der Herr des Lebens, hat den Tod überwunden. Er kann uns Auskunft darüber geben, wie es weitergeht. Seine Auferstehung ist der Beweis dafür, dass er als Sohn Gottes die Wahrheit verkündet hat. In der Geschichte vom reichen Mann und armen Lazarus gewährt uns der Herr einen begrenzten Einblick in das, was sich nach dem Tod abspielt. Für einen kurzen Moment gewährt er uns einen Blick hinter den Vorhang.

Das Gleichnis vom reichen Mann und armen Lazarus fällt innerhalb der Gleichnisse Jesu in eine besondere Kategorie. Es ist das einzige Gleichnis, in dem die Beteiligten einen Namen haben. Nirgendwo im Text steht das Wort „Gleichnis", und so sind einige Ausleger der Ansicht, dass es sich gar nicht um ein Gleichnis, sondern um eine wahre Begebenheit handelt. Ich selbst teile diese Ansicht nicht, denn die gesamte Geschichte enthält dieselbe bildliche Sprache, die wir aus den anderen Gleichnissen kennen. Wir sollten die Geschichte nicht als eine Landkarte oder Detailbeschreibung des Totenreichs verstehen, oder irgendwelche Theorien darauf aufbauen, in welcher Daseinsform die Menschen vor der Entrückung und dem Tausendjährigen Reich im Totenreich existieren. Vielmehr will uns der Herr anhand vertrauter Bilder und Ausdrücke (Durst, Wasser,

Kühlung) zeigen, was den Menschen nach dem Tod auf der anderen Seite erwartet.

> Es war aber ein reicher Mann, der kleidete sich in Purpur und kostbare Leinwand und lebte alle Tage herrlich und in Freuden. Es war aber ein Armer namens Lazarus, der lag vor dessen Tür voller Geschwüre und begehrte, sich zu sättigen von den Brosamen, die vom Tisch des Reichen fielen; und es kamen sogar Hunde und leckten seine Geschwüre.
> Es geschah aber, dass der Arme starb und von den Engeln in Abrahams Schoß getragen wurde. Es starb aber auch der Reiche und wurde begraben. Und als er im Totenreich seine Augen erhob, da er Qualen litt, sieht er den Abraham von ferne und Lazarus in seinem Schoß. Und er rief und sprach: Vater Abraham, erbarme dich über mich und sende Lazarus, dass er die Spitze seines Fingers ins Wasser tauche und meine Zunge kühle; denn ich leide Pein in dieser Flamme!
> Abraham aber sprach: Sohn, bedenke, dass du dein Gutes empfangen hast in deinem Leben und Lazarus gleichermaßen das Böse; nun wird er getröstet, du aber wirst gepeinigt. Und zu alledem ist zwischen uns und euch eine große Kluft befestigt, sodass die, welche von hier zu euch hinübersteigen wollen, es nicht können, noch die, welche von dort zu uns herüberkommen wollen. Da sprach er: So bitte ich dich, Vater, dass du ihn in das Haus meines Vaters sendest – denn ich habe fünf Brüder –, dass er sie warnt, damit nicht auch sie an diesen Ort der Qual kommen!
> Abraham spricht zu ihm: Sie haben Mose und die Propheten; auf diese sollen sie hören!
> Er aber sprach: Nein, Vater Abraham, sondern wenn jemand von den Toten zu ihnen ginge, so würden sie Buße tun!
> Er aber sprach zu ihm: Wenn sie auf Mose und die Propheten nicht hören, so würden sie sich auch nicht überzeugen lassen, wenn einer aus den Toten auferstände! (Lukas 16,19-31)

Arm und reich: Zwei Männer, zwei Schicksale

Als Henry David Thoreau (1817–1862), berühmt geworden durch sein Buch „Walden", in dem er das Leben in einer einsamen Blockhütte beschreibt, auf dem Sterbenbett lag, besuchte ihn ein befreundeter Pfarrer, der ihn auf die Ewigkeit vorbereiten wollte. Er warnte ihn vor dem Gericht Gottes und fragte ihn: „Weißt du, was dich in der nächsten Welt erwartet?" Thoreau winkte ab und sagte nur: „Soweit sind wir noch nicht." Noch heute wird Thoreaus Haltung von Humanisten und Agnostikern als weise und moralisch vorbildliche Reaktion verehrt. Hier war endlich einmal jemand, der auch auf dem Totenbett noch den Mut hatte, die „Krücke" der Religion abzulehnen. Doch Thoreau war ein Tor, wie er im Buche steht. Was würden wir von einem Bergsteiger halten, der sich vorgenommen hat, auf den Gipfel des Mount Everest zu gelangen, aber weder Vorräte noch die richtige Ausrüstung dabei hat? „Weißt du, was dich auf dem Gipfel erwartet?" – „Soweit sind wir noch nicht." Nur Narren denken nicht voraus.

Aber dass jemand töricht gehandelt hat, stellt sich oft erst sehr spät heraus. Unser Gleichnis beschreibt einen äußerst wohlhabenden Menschen, der zur Zeit seines irdischen Lebens ganz anders aussah als man sich einen Narren vorstellt. Er „kleidete sich in Purpur und kostbare Leinwand und lebte alle Tage herrlich." Purpur und kostbare Leinwand waren damals das, was heute Seidenanzüge und maßgeschneiderte „Designerklamotten" sind. Der Mann verstand es zu leben. Er gönnte sich, was das Herz begehrte und schwelgte im Luxus.

Leben viele Menschen in Amerika und der westlichen Welt nicht ganz ähnlich? Jedenfalls sind Reichtum und Luxus für die meisten unter uns keine Fremdwörter. Und oft genug schützen wir uns geradezu vor denen, denen es anders geht. Auf diese Weise, so hoffen wir, halten wir uns unbequeme Fragen über den Wohlstand und seine globale Verteilung vom Leibe. Ich las vor kurzem ein Buch, das den Titel *Waking from the American Dream* trägt (etwa: „Der amerikanische Traum nach dem Aufwachen"). Dort heißt es: „Wir missbrauchen unseren Wohlstand, um uns den wirklich wichtigen

Fragen und Problemen nicht stellen zu müssen. Wir kaufen Dinge, die wir nicht brauchen zu Preisen, die wir nicht bezahlen können, um Menschen zu beeindrucken, die wir nicht kennen."[12]

Der arme Lazarus aus unserer Geschichte hat diese Probleme dagegen nicht. Er befindet sich, was sein Vermögen anbelangt, am untersten Ende der Skala, auch wenn er direkt vor dem Tor des reichen Mannes sitzt. Dieses Bild ist für uns recht ungewöhnlich. Wir sehen die Obdachlosen schon mal in unseren Einkaufsstraßen sitzen, aber nicht in den Villenvierteln. Erst wenn wir ein Entwicklungsland besuchen, stellen wir fest, dass das, was bei uns die Ausnahme, dort die Regel ist. Eingezäunte Wohngebiete für die Reichen liegen dort oft nur wenige hundert Meter neben den Elendsvierteln. Wie kann man sein Essen in einem solchen Land genießen, wenn man feststellt, dass die Wache in dem Restaurant nicht dazu da ist, Diebe und Einbrecher fernzuhalten, sondern Bettler? Wenn dann einige Straßenkinder es doch schaffen, hereinzukommen und am reich gedeckten Tisch um ein paar Münzen oder Essensreste betteln, vergeht einem der Appetit vollständig. Diese Umstände sind nicht erfunden; ich habe sie in Mittelamerika selbst erlebt. Das Gleichnis vom Reichen Mann und Armen Lazarus ist also nicht von gestern, es ist hochaktuell.

Lazarus war ein Bettler. Und er war ein Bettler, der einen sehr schönen und dazu bedeutungsvollen Namen trug. Im Hebräischen ist Lazarus eine Abkürzung von Eleazar und bedeutet: „Gott ist mein Helfer." Die Lebenssituation dieses Mannes war bedrückend. Lazarus war schwer krank. Wir lesen im Text, dass er vor der Tür des reichen Mannes „lag." Genau übersetzt müsste es heißen: „Er war dort abgelegt worden." Lazarus war offensichtlich körperlich behindert. Er konnte nicht selbst gehen, sondern war darauf angewiesen, dass andere Menschen ihn trugen. Sein Körper war voller offener Wunden, von denen wahrscheinlich ein unangenehmer Geruch ausging. Kurz: Lazarus war kein schöner Anblick. „Er begehrte, sich zu sättigen von den Brosamen, die vom Tisch des Reichen fielen", heißt es in Lukas 16,21. Wir denken hier oft an

12 Nach einem Zitat von Robert Maynard Hutchins, zitiert von Donald McCullough in *Waking from the American Dream*, Seite 73.

Krümel, aber es können auch die Reste von Brotfladen gewesen sein. In biblischen Zeiten waren Messer und Gabel eine Ausnahme. Meist benutzten die Menschen dünne Scheiben Fladenbrot, von denen sie ein Stück abrissen, es in die Hand nahmen und damit das Essen fassten. Was übrig blieb, wurde einfach fallengelassen. Es waren diese Brotreste, nach denen sich der Bettler sehnte. Zudem war Lazarus völlig hilflos. Wenn es heißt, dass die Hunde an seinen Geschwüren leckten, denken wir unwillkürlich an Haustiere oder Schoßhunde, die den armen Mann trösten wollen. Es waren aber sehr wahrscheinlich wilde Hunde, und die waren weder süß, noch darauf aus, den Bettler zu trösten. Vielmehr will das Gleichnis aussagen, dass hier ein Mann war, der noch nicht einmal die Kraft hatte, die Tiere zu verscheuchen, die ihn belästigten. „Meine Kraft ist vertrocknet, (...) denn Hunde umringen mich", heißt es im 22. Psalm.

Zwei Menschen an den entgegengesetzten Enden der Wohlstands-Skala. Der Kontrast könnte nicht schärfer sein. Auf Erden sah es so aus, als sei Lazarus der große „Looser" und der reiche Mann der typische Millionär, damals sicher nicht mit goldener Armbanduhr, wohl aber umgeben von den schönen Dingen des Lebens, die sich sonst kaum jemand leisten konnte. In der Tat: Lazarus war ein armer Bettler, und das Verhalten des Reichen ist durch nichts zu entschuldigen. Aber es gibt neben dem Kontrast in den Besitzverhältnissen noch einen weiteren Gegensatz, der nichts mit Geld zu tun hat, und der sich erst nach dem Tod in seiner ganzen Dramatik offenbart.

Der Tod bringt eine Wende

Als der Bettler eines Tages starb, hat das wohl niemanden sonderlich interessiert. So ergeht es eben den Obdachlosen. Ob und wie Lazarus beerdigt wurde, wird in dem Gleichnis nicht gesagt. Die damalige Volksfrömmigkeit ging davon aus, dass Armut auf Erden ein Zeichen göttlichen Missfallens war. Kurz, der Mann hatte es – in den Augen Vieler – nicht anders verdient. „Gott hat ihn gestraft." Die Wenigsten werden das so gesagt haben; die Allermeisten werden es gedacht haben. Und dann hören sie, dass eben dieser Lazarus von den Engeln in den Schoß des Vaters Abraham getragen wird. Es gibt keine weitere Stelle in der Heiligen Schrift, die Ähnliches aussagt, weshalb wir uns davor hüten sollten, anhand dieses Textes Aussagen über das Wesen und den Dienst der Engel zu machen. Eines jedoch sagt der Text ganz klar: Gottes Missfallen ruhte nicht auf Lazarus, sondern auf dem reichen Mann.

Lazarus wird in den Schoß (d.h.: an die Brust) des Abraham getragen. Das griechische Wort versinnbildlicht einen Ort absoluter Geborgenheit. Der Jünger Johannes spricht von diesem Ort, wenn es in Johannes 21,20 über ihn heißt, dass er beim letzten Abendmahl an der Brust Jesu lag. Abraham ist der Vater aller Gläubigen, ein Freund Gottes, ein Mann nach seinem Herzen. Der Schoß Abrahams ist der Ehrenplatz, der Aufenthaltsort direkt an der Seite Gottes in der Gemeinschaft aller Heiligen. Von der Gosse an den Tisch des Herrn – das war der Weg des Lazarus nach seinem Tod.

Zeigt uns schon diese Stelle, wie herrlich es im Paradies ist, so verblasst sie dennoch neben den anderen Hinweisen über den künftigen Aufenthaltsort der Gläubigen. Nach dem Zeugnis der Bibel geht es nicht in erster Linie darum, im Jenseits bestimmte Menschen – weder verstorbene Ehepartner, noch Familienangehörige, noch den Stammvater Abraham – wiederzusehen, sondern darum, Jesus Christus selbst zu sehen, so wie er ist (Philipper 1,23). Wir kommen nicht in das Haus des Abrahams, sondern an den Ort, wo Jesus ist, in das Haus des Vaters (2. Korinther 5,8; Johannes 14,2). Höher und besser geht es nicht. „Und Gott wird abwischen alle Tränen von ihren Augen, und der Tod wird nicht mehr sein, weder Leid, noch Geschrei noch Schmerz wird mehr sein“ (Offenbarung 21,4).

Doch warum kommt Lazarus in das Paradies? Nur, weil er arm war? So wird dieses Gleichnis gelegentlich gedeutet, doch eine solche Deutung widerspricht allem, was die Schrift über Glauben, Bekehrung und Wiedergeburt sagt. Ich kann diese Frage nicht beantworten. Wir werden es einmal erfahren.

Und der Reiche? Auch er stirbt eines Tages. Über seine Beisetzung wird nichts gesagt, aber die Vermutung liegt nahe, dass sie aufwendig war. „Wie ich gelebt habe, so will ich bestattet werden“, wirbt in unseren Tagen ein entsprechendes Unternehmen. Den Gedanken an eine „würdige Bestattung" gab es schon immer. Die Beisetzung wird einiges gekostet haben. Der Leichnam wird aufwendig versorgt und einbalsamiert worden sein. Und der reiche Mann ist tatsächlich so gestorben, wie er gelebt hatte. Er hatte keine Vorsorge getroffen für seine Seele, und so muss er bitter und unvorstellbar schmerzhaft erfahren, dass man sein Gold und seinen Reichtum nicht mit hinüber nehmen kann. Kein Engel nimmt sich seiner an. Er kommt direkt ins Totenreich, wo er, wie das Gleichnis sagt, große Qualen erleidet.

Der Aufenthaltsort der Toten wird im Alten Testament Scheol genannt, manchmal auch „Grab." Alle Menschen, die sterben, kommen an diesen Ort. Was geschieht mit dem Leichnam, nachdem er beerdigt wurde? Wohin geht die Seele? Das Neue Testament spricht von Hölle oder Hades (so das griechische Wort), und niemand von denen, die an Christus geglaubt haben, wird jemals dorthin gelangen. Nach dem Zeugnis der Schrift ist der Hades, das Totenreich, der unmittelbare Aufenthaltsort der Ungläubigen zwischen Tod und Jüngstem Gericht. Später, nach dem Endgericht vor dem großen Thron (Offenbarung 20,11–15) werden diejenigen, die Christus abgelehnt haben, in den „feurigen Pfuhl" geworfen.

Was der reiche Mann nach seinem Tod erleidet, lehrt uns dreierlei: *Erstens, die Hölle ist real.* Es mag sich hier um eine bildliche und bildreiche Sprache handeln (Feuer, Zunge, Wasser), aber das, was der reiche Mann erleidet, ist sehr real. Jesus selbst hat – mehr noch als alle anderen biblischen Autoren – immer wieder von der ewigen Verdammnis und dem Feuer, das nicht verlöscht, gesprochen. *Zweitens: Die Hölle ist ein Ort der Qual.* Das Bewusstsein des reichen Mannes ist nicht ausgelöscht. Er bekommt alles mit. Er erleidet Schmerzen (Lukas 16,23) und „wird gepeinigt" (Vers 25). Seine Schmerzen sind psychischer, physischer und geistlicher Natur. Gleichzeitig blickt der reiche Mann über die große, unüberbrückbare Kluft und sieht, dass Lazarus auf der anderen Seite glücklich und zufrieden ist. Der reiche Mann weiß auch, dass er das, was er erleidet, verdient hat. Interessanterweise bittet er Abraham ja nicht um Befreiung aus seiner Lage, sondern nur um Erleichterung seiner Qualen. *Drittens: Die Hölle ist endgültig.*

Mit anderen Worten: Die Situation des reichen Mannes wird sich nie mehr ändern. Die Kluft besteht auf Ewigkeit, „so dass die, welche von hier zu euch hinübersteigen wollen, es nicht können, noch die, welche von dort zu uns hinüberkommen wollen" (Lukas 16,26). Es gibt keine Abstufungen im Hades, keine Ausgänge, keine zeitlichen Begrenzungen. Es gibt kein vorläufiges Fegefeuer, keine Straferleichterungen, keine Bewährung, keine Hoffnung. Die Trennung von Gott ist ewig.

Sicher kommen uns viele Fragen in den Sinn, wenn wir über dieses Gleichnis nachdenken. Können wir daraus schließen, dass die Menschen im Himmel die Menschen in der Hölle sehen können? Dass es eine Kommunikation zwischen Paradies und Totenreich gibt? Ich glaube nicht. Wir sollten hier nicht spekulieren. Eindeutig ist jedoch die Warnung Jesu. Als Mensch gewordene Liebe Gottes warnt er uns vor diesem Ort. Schon der Gedanke an diesen furchtbaren, Schmerz erfüllten und unabänderlichen Aufenthaltsort der Nichtgläubigen erschreckt uns zutiefst. Es können einem die Tränen in die Augen treten, wenn man darüber nachdenkt, dass dieser Ort existiert, und dass jeder, der dort ist, dies seiner eigenen Entscheidung, nämlich der Ablehnung der Vergebung in Christus, zu verdanken hat. Menschliche Entscheidungen heute haben Folgen für morgen, ja, für die Ewigkeit.

Noch einmal zu der Frage nach dem Grund: Warum kam Lazarus zu Abraham ins Paradies, und warum kam der reiche Mann in die Hölle? Wenn es stimmt, dass Armut niemanden in den Himmel bringt, bringt dann Reichtum einen Menschen in die Hölle? Wohl kaum, denn Abraham war einer der reichsten Menschen seiner Zeit. Hören wir genau zu, wie das Gespräch zwischen ihm und Lazarus verläuft. Und achten wir darauf, was Jesus selbst am Ende des Gleichnisses sagt.

Das Hören auf die Schrift – das Einzige, was zählt

Dem reichen Mann wird eine zeitliche Erleichterung seiner Qualen nicht gewährt. Er weiß, dass sein Zustand unabänderlich ist. Und so hat er eine letzte Bitte: „So bitte ich dich, Vater, dass du ihn in das

Haus meines Vaters sendest, denn ich habe fünf Brüder, dass er sie warnt, damit nicht auch sie an diesen Ort der Qual kommen!“

Der reiche Mann weiß, dass der Weg seiner Brüder, so wie ihr Leben aussieht, direkt in die Hölle führt. Sie müssen unbedingt gewarnt werden. Sie müssen umkehren, Buße tun. Und sicher würden sie sich umgehend ändern, wenn sie Information darüber hätten, wie es auf der anderen Seite aussieht. Am besten würde Lazarus von den Toten auferstehen und es ihnen sagen.

Dies klingt, als sei hier jemand um das ewige Seelenheil seiner Brüder besorgt. Doch ich glaube, wenn wir die Worte des reichen Mannes so interpretieren, verstehen wir sie falsch. Und wir verstehen auch die Hölle falsch. In Wirklichkeit, so lese ich es zwischen den Zeilen, klagt der reiche Mann Gott an. „Du bist unfair. Du hast mir keine Chance gegeben. Wenn ich das gewusst hätte, was mich hier erwartet, hätte ich doch anders gelebt. Also gib wenigstens meinen Brüdern die Chance!“ Kurz: Der reiche Mann sucht die Schuld nicht bei sich, sondern bei Gott.

Diese Denkweise haben sich Millionen und Abermillionen von Menschen zu eigen gemacht. „Ich würde ja gerne glauben, wenn Gott sich mir offenbart. Hat er aber nicht, und so glaube ich nicht. Es ist Gottes Fehler, nicht meiner.“ Wer so redet, weiß nicht, was er sagt. Genauer: Er offenbart damit eine völlige Unkenntnis seiner eigenen Situation und lästert seinen Schöpfer. In einem seiner Filme lässt Woody Allen den Hauptdarsteller zu seiner geliebten Laura sagen: „Wenn Gott doch nur ein einziges Mal zu mir sprechen würde, nur ein einziges Mal. Wenn er mal gerade hüsteln würde. Wenn ich ein Wunder erleben würde, einen brennenden Busch oder ein geteiltes Rotes Meer, oder dass mein Onkel Sascha endlich seinen Scheck abholt ...“ Der Humor ist typisch für Woody Allen. Dasselbe gilt für seinen Zweifel und seinen Unglauben.

Gott *hat* gesprochen. Er spricht immer noch – durch die Natur, seine Schöpfung, durch die Bibel, sein Wort, und vor allem: durch Christus, seinen eingeborenen Sohn. Niemand, der das ablehnt, hat eine Entschuldigung. Jeder ist verantwortlich für seine eigene Entscheidung.

Und so geht Abraham auf den Kuhhandel, den ihm der reiche

Mann vorschlägt, keine Sekunde lang ein. „Sie haben Mose und die Propheten; auf diese sollen sie hören" (Lukas 26,29). Gott wird und braucht nichts über das hinaus zu tun, was Er bereits getan hat: Er hat der Menschheit sein Wort gegeben. Die Bibel ist eindeutig, verständlich, kräftig und „schärfer als jedes zweischneidige Schwert" (Hebräer 4,12). Der Bruder des reichen Mannes braucht keine Botschaft aus dem Jenseits; er braucht das Wort Gottes hier und jetzt. Niemand braucht, um zum Glauben zu kommen, mehr als das was vorhanden ist. „Gottes Wort sollen sie hören."

Der reiche Mann glaubt es nicht. „Nein, Vater Abraham, sondern wenn jemand von den Toten zu ihnen ginge, so würden sie Buße tun!" Er will die Stimme vom Himmel, die Botschaft aus dem Grab, das unmissverständliche Zeichen. Doch wie kam der Reiche dorthin, wo er jetzt ist? Sein Aufenthaltsort hat überhaupt nichts mit seinem Reichtum zu tun. Nicht, dass er viel besaß, war das Problem, sondern dass er seinen Besitz nicht teilte. Der arme Lazarus war ihm völlig egal. Er hatte während seines irdischen Lebens sein Herz vor ihm verschlossen und damit gegen das klare Gebot der Heiligen Schrift verstoßen:

> Ist das nicht ein Fasten, an dem ich Gefallen habe: dass ihr ungerechte Fesseln losmacht, dass ihr die Knoten des Joches löst, dass ihr die Unterdrückten freilasst und jegliches Joch zerbrecht? Besteht es nicht darin, dass du dem Hungrigen dein Brot brichst und arme Verfolgte in den Haus führst, dass, wenn du einen Entblößten siehst, du ihn bekleidest, und dich deinem eigenen Fleisch nicht entziehst? (Jesaja 58,6f)

Dies war die Sünde des reichen Mannes. Er kommt in die Hölle, weil er dem Wort Gottes nicht gehorcht, weil er sich nicht bekehrt hat. Nicht Reichtum ist ein Ausschlusskriterium für den Himmel, sondern der Unglaube. Die Parallele dazu gilt für Lazarus. Es wird zwar im Text nicht explizit erwähnt, aber gemäß dem Zeugnis der Schrift bringt ihn nicht seine Armut in den Schoß Abrahams, sondern sein Glaube. Es würde der Bibel völlig widersprechen, wenn wir irgendetwas anders sagen würden: Es ist der Glaube allein, der errettet.

Was Abraham dann sagt – und durch ihn spricht Jesus selbst – ist die wichtigste Aussage des ganzen Gleichnisses: „Wenn sie auf Mose und die Propheten nicht hören, so würden sie sich auch nicht überzeugen lassen, wenn einer aus den Toten auferstände!" (Lukas 16,19-31). Menschen, die sich durch die Bibel nicht verändern lassen, werden auch nicht durch Wunder verändert. Nur deshalb lehnt Abraham die Bitte des Reichen ab – und nicht etwa, weil ihm das Schicksal der Brüder egal wäre. Wunder erreichen das Herz des Menschen nicht. Die Bibel ist voll mit Beweisen für diese traurige Tatsache:

- Beim Auszug aus Ägypten erfahren die Kinder Israels die geballte Macht Gottes und verharren dennoch im Unglauben, so dass der HERR zu Moses sprach: „Wie lange noch wollen sie nicht an mich glauben, trotz aller Zeichen, die ich unter ihnen getan habe?" (4. Mose 14,11)
- Elia und Elisa waren Wundertäter, doch trotz aller Zeichen und Wunder rebellierte das Nordreich gegen Gott, so dass der HERR die Bewohner ins Exil schickte (vgl. 1.Könige 18,16-46 und 2.Könige 2,19-22).
- Auf die Wunder Jesu reagierten viele Menschen mit Unglauben, Unbußfertigkeit und Lästerungen (siehe die Wehrufe Jesu über verschiedene Städte; Matthäus 11,20-24).
- Nach der Auferweckung des Lazarus glaubten zwar einige unter den Pharisäern an Jesus (Johannes 11,45), doch andere reagierten umso boshafter und verhärteten ihre Herzen (Johannes 11,46-53; 12,10-11).
- Obwohl die Pharisäer und Schriftgelehrten die Wunder der Apostel unmöglich bestreiten konnten, verfolgten sie die Gemeinde umso mehr (Apostelgeschichte 4,16).
- Selbst nach der Auferstehung des Herrn verharrten die Pharisäer und obersten Priester, wie auch einige von den Jüngern, im Unglauben (Markus 16,11). Die jüdischen Schriftgelehrten erfanden flugs eine Erklärungsmöglichkeit für die Auferstehung und verbreiteten sie (Matthäus 28, 11-15).

All diese Beispiele beweisen, was der Herr über „Mose und die Propheten" sagt. Die biblischen Wunder verfolgen nicht das Ziel,

Menschen zum Glauben zu führen oder Gott zu beweisen. Sie dienen vielmehr dazu, die Wahrheit der Bibel zu untermauern. Sie sind *Machterweise*, keine Machtbeweise. Jeder Mensch ist verantwortlich für das, was er hört, und wie er darauf reagiert. Der Herr warnt uns ausdrücklich vor der Hölle. Er zeigt uns, dass es nach dem Tod nur zwei Möglichkeiten gibt: den Himmel in der Gemeinschaft mit Ihm – und die Hölle, fernab der göttlichen Gnade. Wir sollten deshalb Gott und sein Wort, die Bibel, sehr ernst nehmen.

Wohl dem, der schon zu Lebzeiten an die Ewigkeit denkt. „Lehre uns bedenken, dass wir sterben müssen, auf dass wir klug werden" (Psalm 90,12). Unsterblichkeit im Sinne von Woody Allen gibt es nicht. Arme wie Reiche vergehen. Beide müssen vor dem Richterstuhl Gottes erscheinen (Römer 14,10; Hebräer 9,27). Die Beziehung zu Gott und seinem Wort wird darüber entscheiden, an welchen Ort wir kommen.

Ein Letztes: Das Gleichnis lehrt uns als Gläubige, dafür zu sorgen, dass die Nichtgläubigen mit dem Evangelium bekannt gemacht werden. Dies ist unsere Verantwortung. „[Gott] will, dass allen Menschen geholfen werde und sie zur Erkenntnis der Wahrheit kommen", heißt es in 1. Timotheus 2,4 (Lutherübersetzung). Nun gibt es in unserer Zeit einige Christen, die behaupten, wahre Evangelisation müsse immer von Zeichen und Wundern begleitet werden. Jeder Widerstand gegenüber seinem Wort schmölze dahin, wenn die Menschen mit solcher „Power-Evangelisation" in Berührung kämen. Erwiesenermaßen, so die Verfechter dieser Theorie, sei die Bekehrungsrate im Gefolge der Zeichen- und Wundertäter sehr viel höher als bei normaler Wortverkündigung, zudem habe es sich gezeigt, dass die Neubekehrten sehr viel schneller zur geistlichen Reife gelangten.

Die Bibel sieht das anders. Wenn ich das Gleichnis vom reichen Mann und armen Lazarus recht verstehe, liegt die Kraft nicht in Wundern, sondern in der Verkündigung des Wortes Gottes. Es ist die Heilige Schrift, von der Paulus sagt, sie besäße Kraft „zur Errettung durch den Glauben, der in Christus Jesus ist" (2. Timotheus 3,15). Die Kraft, die wir brauchen, ist die Kraft geisterfüllter Menschen, die anderen Menschen das Wort Gottes verkündigen und auslegen.

Gottes Wort reicht aus – für Gläubige wie Ungläubige. Wenn wir von der Kraft des Wortes Gottes überzeugt sind, werden wir alles daran setzen, die Gute Nachricht den „reichen Männern“ unserer Zeit zu bringen. Sie ist das wichtigste, was sie brauchen.

Und gleichermaßen werden wir dafür sorgen, dass die „armen Lazarusse“ unserer Zeit nicht hilflos vor den Toren unserer Städte liegen. Sie brauchen Obdach, Brot und Zuspruch. Und sie brauchen das Evangelium nicht weniger als die Reichen.

~9~
Den Vater bitten

Wissen Sie, was mir neulich durch den Kopf schoss, als mir die freundliche Stewardess von *Intergalactic Airways* zum wer-weiß-wievielten Mal erklärte, wie ich mich in einem Notfall zu verhalten hätte? Vielflieger reagieren auf die Sicherheitshinweise vor dem Start wie manch ein sonntäglicher Kirchenbesucher auf den Pfarrer. Oder wie die Besucher einer Evangelisationsveranstaltung auf den Verkündiger. Ich weiß, wovon ich rede. Ich habe hunderttausende von Meilen auf meinem *Miles and More*-Konto angesammelt, aber eine Sauerstoffmaske kenne ich nur von der Demonstration vor dem Start. Ich sage mir immer: Wenn es soweit ist, wird sie bestimmt „aus dem Fach über mir herausfallen" und ich werde sie brav über Mund und Nase stülpen, „bevor ich anderen Mitreisenden und Kindern helfe."

Manchmal – ich muss es leider zugeben – sehe ich auch das Gebet wie eine solche Sauerstoffmaske. Man braucht sie, wenn es ganz schlimm kommt. „Not lehrt Beten." Doch wenn ich die Worte unseres Herrn Jesus ernst nehme, komme ich zu einem anderen Schluss. Das Gebet ist keine Sauerstoffmaske, sondern Atemluft. Martin Luther hat einmal gesagt: „Ein Christ, der nicht betet, ist wie ein Mensch, der nicht atmet." Wir sagen oft: „Beten ist ein großes Vorrecht." Das stimmt. Aber das Gebet ist mehr. Es ist ein unerlässlicher Bestandteil unseres Lebens mit dem Herrn.

Wenn ich ganz ehrlich bin, muss ich zugeben, dass ich gelegentlich Probleme mit dem Beten habe. Es ist sehr viel einfacher, über das Beten zu predigen (oder etwas darüber zu schreiben), als selbst zu beten. Mein Problem liegt dabei weniger auf der intellektuellen Ebene, wenn ich auch einiges, was mit dem Thema „Gebet" zu tun hat, immer noch nicht verstehe. Nein, das Problem liegt tiefer. Es betrifft mein Innerstes. Ich frage mich: Was soll ich eigentlich beten? Wie soll ich beten? Wenn ich bete, bete ich dann richtig? Und wenn das

Beten so ein großes „Vorrecht“ ist, und für den Christen so normal wie das Atmen sein sollte, warum habe ich dann oft solche Mühe damit? Gelegentlich empfinde ich das Beten als eine Last, oder noch schlimmer: als einen Ritus oder eine Pflichtübung. Hört Gott denn wirklich zu? Und erhört er mich auch? Geht es Ihnen manchmal ähnlich, wenn Sie ganz ehrlich mit sich selbst sind?

Das Thema Beten war für Jesus außerordentlich wichtig. Er war ein Vorbild im Beten, und er hat seine Jünger gelehrt, wie sie beten können. Beten war für Jesus keine Pflichterfüllung. Jesus konzentrierte sich nicht auf den Akt des Betens, sondern auf die Gemeinschaft mit seinem Vater. Vielleicht liegt hier der Schlüssel. Denn fast alle Probleme, die wir mit dem Beten haben, hängen mit unserem Gottesbild zusammen. Würden wir begreifen, wie Gott ist, würden wir häufiger beten und mehr Freude daran haben. Jesus lehrt deshalb auch nicht Worte oder „Gebetstechniken“, sondern er zeigt uns das Wesen dessen, an den wir unser Gebet richten. Jesu bekannte Lehrgeschichte über das Beten finden wir in Lukas 11,5-8. Es ist das Gleichnis vom bittenden Freund. Doch bevor der Herr dieses Gleichnis erzählt, stellt er uns ein Modell vor, wie unser Gebet aussehen sollte:

Das Mustergebet des vollkommenen Beters (Lukas 11,1-4)

> Und es begab sich, dass er an einem Ort im Gebet war; und als er aufhörte, sprach einer seiner Jünger zu ihm: Herr, lehre uns beten, wie auch Johannes seine Jünger lehrte! Da sprach er zu ihnen: Wenn ihr betet, so sprecht: Unser Vater, der du bist in Himmel, geheiligt werde dein Name! Dein Reich komme! Dein Wille geschehe wie im Himmel, so auch auf Erden. Gib uns täglich unser nötiges Brot! Und vergib uns unsere Sünden, denn auch wir vergeben jedem, der uns etwas schuldig ist. Und führe uns nicht in Versuchung, sondern erlöse und von dem Bösen!

Was tun Sie, wenn Sie eine Sportart oder sonstige Fertigkeit erlernen möchten, zum Beispiel Golf spielen, Autofahren, oder einen Computer benutzen? An wen wenden Sie sich? Wenn Sie klug sind, dann nicht unbedingt an ihren besten Freund, mag dieser ansonsten auch noch so hilfsbereit sein. Nein, Sie gehen zu einem qualifizierten und erfahrenen Experten. Und der qualifizierteste Experte auf dem Gebiet des Betens ist der Herr Jesus Christus. Niemand betete so wie er. Und wenn es in Lukas 11,1 heißt: „Es begab sich, dass er an einem Ort im Gebet war", so war dies mit Sicherheit keine außergewöhnliche „Begebenheit." Der Evangelist lässt keinen Zweifel daran, dass Jesus regelmäßig betete. In Lukas 5,16 heißt es: „Er aber hielt sich zurückgezogen an einsamen Orten auf und betete." An mindestens sieben anderen Stellen weist Lukas darauf hin, dass im Leben Jesu alle wichtigen Entscheidungen und Ereignisse durch Gebet vorbereitet wurden, so zum Beispiel seine Taufe (Lukas 3,12), die Wahl der zwölf Apostel (Kap. 6,12-16), das Bekenntnis des Petrus (Kap. 9,18), die Verklärung (Kap. 9,28-29), und schließlich die Kreuzigung (Gethsemane, Lukas 22,39-46). Wenn der Mensch gewordene Sohn Gottes so häufig und so intensiv betete, wie viel mehr haben wir es als seine Nachfolger nötig!

Die Jünger spürten nicht nur, welch eine wichtige Rolle das Gebet im Leben Jesu spielte; sie spürten auch dessen Auswirkungen. Sie merkten, dass Beten bei Jesus im Zentrum stand, ja, dass es das Geheimnis seines Lebens war. Der Herr war genau in dem Bereich stark, wo sie schwach waren. Nur ein einziges Mal berichtet das Neue Testament, dass die Jünger den Herrn bitten, ihnen etwas beizubringen. Es ist die Stelle in Lukas 11,1: „Herr, lehre uns beten."

Ich finde es faszinierend, was man alles über den geistlichen Hintergrund eines Christen erfahren kann, wenn man ihm beim Beten zuhört – sei es im Gottesdienst oder in kleineren Gebetsgemeinschaften. Viele Gruppen haben ihre ganz eigene Art zu beten. In manchen Gebetsgemeinschaften sind alle ruhig, wenn jemand betet. In anderen wird der Beter von den anderen durch ein kräftiges „Danke, Herr", „Ja, Herr" oder „Amen" unterstützt. Gelegentlich hört man auch ein „Ja" oder ein zustimmendes „Hm". Hochinteressant sind die Gebetsstile der unterschiedlichen Gemeinden. Dies geht bis in die Wortwahl hinein. Ob die Jünger solche Eigenarten im Sinn hatten, als sie ihrer Bitte hinzufügten:

„... wie Johannes seine Jünger beten lehrte“? Jedenfalls gab es im Judentum feste Gebetsvorschriften und -traditionen, und es ist nicht auszuschließen, dass Johannes seinen Jüngern ein bestimmtes Modell an die Hand gegeben hatte. Und nun wollen die Jünger Jesu kein „Johannes-Gebet“, sondern ein „Jesus-Gebet.“ Aber sie sehnen sich nach mehr als nach Worten. Es geht ihnen nicht um Liturgie. Sie sagen nicht: „Lehre uns ein Gebet“, sondern: „Lehre uns beten.“

Jesus tut dies, in dem er ihnen das uns so vertraute Vaterunser vorstellt. Es war sicher nicht Jesu Absicht, uns eine liturgische Formel beizubringen, einen Wortlaut, den wir so und nicht anders wiederholen sollten. Wenn man die Überlieferung des Vaterunsers im Lukasevangelium mit der bei Matthäus vergleicht (Matthäus 6,9-13) fallen kleine Unterschiede im Wortlaut auf. Es war also schon zur Zeit Jesu so, dass dieses Gebet entlang bestimmter „Eckpunkte“ gebetet wurde. Es sollte nicht auswendig gelernt, sondern verstanden und dem Sinn nach gebetet werden. Natürlich spricht nichts dagegen, den Wortlaut des Gebets, wie es uns der Herr gelehrt hat, zu wiederholen. Wichtiger ist jedoch sein Modellcharakter. Interessanterweise berichtet das Neue Testament (etwa in der Apostelgeschichte) an keiner Stelle, dass die Jünger das Vaterunser gesprochen hätten. Wohl aber wird man feststellen, dass sich die ersten Christen inhaltlich immer an den Eckpunkten dieses Gebets orientierten. Über das Vaterunser sind viele Bücher geschrieben worden, und ich möchte an dieser Stelle nicht allzu sehr ins Detail gehen. Lassen Sie mich deshalb nur kurz drei wichtige Aspekte beleuchten:

1.) Es geht um den Vater. Zu Ihm beten wir. Dass die Jünger Gott im Himmel als Vater anreden durften, war vielleicht das Wichtigste, was Jesus ihnen (und uns) beibringen wollte. Im Alten Testament war es absolut nicht üblich, den Schöpfer der Welt als „Vater“ zu bezeichnen. Ein jüdisches Gebet begann mit den Worten: „Herr, Gott Abrahams, Isaaks und Jakobs, Allerhöchster, Schöpfer des Himmels und der Erde, unser Schild und Schild unserer Väter.“ Doch seit der Menschwerdung Gottes, seit Jesus auf der Erde lebte und am Kreuz für uns starb, dürfen auch wir zu seinem Vater „Abba, lieber Vater“ (Römer 8,15) sagen. Beten ist so einfach wie das Reden eines Kindes mit seinem „Papa.“ Es kommt nicht auf eine wohl formulierte Sprache an. Die Worte des Kindes sind der Ausdruck seines liebevollen Umgangs mit dem Vater. Es geht beim Beten nicht um die Weitergabe von Information, denn wie könnten wir dem allwissenden Gott etwas mitteilen, was Er nicht ohnehin schon wüsste? Es geht um die Vertiefung unserer Beziehung zu Ihm. Und diese Vater-Kind-Beziehung stellt alles in den Schatten, was wir auf dieser Erde unter dieser Bezeichnung kennen.

2.) Es geht um die Herrlichkeit Gottes. Wenn wir bitten: „Geheiligt werde dein Name", so bitten wir darum, dass dem heiligen Namen Gottes die nötige Ehre erwiesen und sein Name nicht missbraucht wird. „Dein Reich komme" weist darauf hin, dass Gott, dessen Reich schon jetzt angebrochen und „mitten unter uns" (Lukas 17,21) ist, seine Herrschaft einmal vollständig aufrichten wird. Jesus wird in Herrlichkeit wieder kommen, und diejenigen, die ihm gehören, leben schon jetzt als Mitarbeiter Gottes in seinem Reich, dessen Grenzen sie – durch die Weitergabe der Guten Nachricht – immer weiter ausdehnen. Gottes Name und Gottes Reich – das ist es, worum es im Leben geht und was wichtiger ist als alles andere. Wir sollten das Vaterunser deshalb auch nicht als reines Bittgebet missbrauchen. Es geht um Ihn und nicht um uns.

3. Es geht auch um unsere Bedürfnisse. Wenn der Fokus unseres Betens auch in erster Linie auf Gott, dem Vater im Himmel, liegen sollte, bedeutet dies nicht, dass wir Ihn nicht auch um die Dinge des täglichen Lebens bitten dürften. Im Gegenteil: Es gibt nichts, was unseren Vater nicht interessieren würde, und was wir Ihm im Gebet nicht vorlegen dürften. Das „tägliche Brot" umfasst dabei unsere sämtlichen physischen Bedürfnisse. Brot ist ein Grundbedürfnis und kein Luxus. Wir bitten um das, was wir wirklich nötig haben. Im geistlichen Bereich gehört dazu vor allem die Vergebung unserer Schuld. Die Bitte hilft uns, einmal mehr zu erkennen, dass wir sündige, fehlbare Menschen sind. Wir brauchen Hilfe, nicht nur in unserer Beziehung zu Gott, sondern auch im Umgang mit unseren Mitmenschen. Und wir sind als Gläubige sehr verletzlich und stehen ständig in der Gefahr, von der Sünde, „die uns so leicht umstrickt" (Hebräer 12,1), zum Bösen verführt zu werden – genau so, wie die Motten zum Licht gelockt werden. „Führe uns nicht in Versuchung" erinnert uns daran, dass wir es mit dem Fleisch (der Sünde in uns), der Welt (den Anfechtungen von außen) und dem Teufel (dem Urheber alles Bösen) als Widersacher zu tun haben. Doch Gott hat versprochen, uns in unserem geistlichen Kampf nicht allein zu lassen, sondern uns mit seiner ganzen Macht zur Seite zu stehen.

Nach der Vorstellung des Vaterunsers als „Modellgebet" fährt der Herr fort, seine Jünger im Beten zu unterweisen, indem er ihnen eine Beispielgeschichte erzählt. Das Gleichnis ist deshalb so wichtig, weil es uns zeigt, an wen sich unser Gebet richtet.

Das Gleichnis vom Bittenden Freund

> Dann sagte Jesus zu den Jüngern: »Stellt euch vor, einer von euch hat einen Freund. Mitten in der Nacht geht er zu ihm, klopft an die Tür und bittet ihn: Leih mir doch bitte drei Brote. Ich habe unerwartet Besuch bekommen und nichts im Haus, was ich ihm anbieten könnte. Vielleicht würde der Freund dann antworten: Stör mich nicht! Ich habe die Tür schon abgeschlossen und liege im Bett. Außerdem könnten die Kinder in meinem Bett aufwachen. Ich kann jetzt nicht aufstehen und dir etwas geben. Das eine ist sicher: Wenn er schon nicht aufstehen und dem Mann etwas geben will, weil er sein Freund ist, so wird er schließlich doch aus seinem Bett steigen und ihm alles Nötige geben, weil der andere so unverschämt ist und ihm einfach keine Ruhe lässt. (Lukas 11,5-8)

„Besuch um Mitternacht" – so könnte man unser Gleichnis überschreiben. Aber so ungewöhnlich wie uns die Umstände dieses Besuches erscheinen, waren sie in biblischen Zeiten nicht. Es ist im Mittleren Osten tagsüber, besonders in den Monaten Mai bis September, ausgesprochen heiß. Ich selbst komme aus Texas und kann mir das Klima im damaligen Palästina recht gut vorstellen. Auch heute noch, bei allem technischen Komfort, den die Klimaanlagen bieten, achten wir darauf, im Sommer nicht unbedingt um die Mittagszeit unterwegs zu sein. Es ist einfach zu heiß. Im biblischen Judäa war es nicht anders: Die beste Reisezeit war der frühe Abend. Der Mann in unserer Geschichte war also zu dieser Zeit unterwegs, verspätete sich jedoch, weil irgendetwas dazwischen kam. Gasthäuser oder Tavernen gab es anscheinend auf seiner Strecke nicht (oder er wollte aus irgendwelchen Gründen nicht dort einkehren), und so steht er zu später Stunde bei seinem alten Freund auf der Matte. Dieser ist natürlich auf einen Besuch um diese Uhrzeit nicht vorbereitet und hat ein Problem. Sein Besucher ist hungrig und braucht etwas zu essen. Die orientalische Gastfreundschaft erfordert, es ihm zu geben. Es nicht zu tun, hätte nicht nur den Ruf des Mannes, sondern den des gesamten Dorfes ruiniert. Doch woher nehmen? Der Mann hinter der Tür hat keine Vorräte. Kühlschränke gab es damals es nicht, und alle Geschäfte sind längst geschlossen. In seiner Verzweiflung wendet er sich seinerseits an einen Freund und bittet diesen, ihm mit einer Mahlzeit auszuhelfen. Es ist längst nach Mitternacht, aber er klopft an und sagt: „Lieber Freund, ich habe gerade Besuch bekommen und nichts zu Essen mehr. Kannst du mir behilflich sein?“ – Wir sollten beachten, dass der Bittsteller nicht aus Eigennutz bei seinem Freund anklopft. Er fühlt sich verpflichtet, seinen Besuch zu bewirten. Wäre er selbst hungrig gewesen, hätte er sicher bis zum nächsten Morgen gewartet, aber einem Reisenden das Mahl verweigern – das ging nicht.

Wir müssen uns, um das Gleichnis richtig zu verstehen, vorstellen, wie damals eine Wohnung aussah. Sie bestand meist nur aus einem Zimmer, und die Menschen schliefen, ähnlich wie es auch heute noch in den Ländern der Dritten Welt üblich ist, auf Matten direkt auf dem Boden. Das heißt, wenn die Tür erst einmal verriegelt war, konnte man sie nicht mehr öffnen, ohne den Schlaf aller Anwesenden zu stören. Wenn der Freund des Freundes also sagt: „Ich kann dir jetzt nichts geben“, bedeutet das nicht „Ich will nicht“ oder: „Lass mich in Ruhe.“ Er will lediglich Rücksicht nehmen und die Schlafenden nicht aufwecken.

Und doch, so betont es Jesus im Gleichnis, wird der Mann nicht anders können, als die Tür zu öffnen. Mag sein, dass die Freundschaft zu seinem Nachbarn als Motiv nicht ausreicht. Es kommt noch etwas anderes hinzu: „Wenn er schon nicht aufstehen und dem Mann etwas geben will, weil er sein Freund ist, so wird er schließlich doch aus seinem Bett steigen und ihm alles Nötige geben, weil der andere so unverschämt ist und ihm einfach keine Ruhe lässt“ (Lukas 11,5-8).

Genau übersetzt heißt Vers 8: „um seiner Unverschämtheit willen.“ Das griechische Substantiv, das an dieser Stelle benutzt wird *(anaidaia)*, ist nicht ganz leicht zu übersetzen. Es kommt nur an dieser Stelle des Neuen Testaments vor und bedeutet so viel wie „Zudringlichkeit.“ Oft wird es auch mit „Ausdauer“ übersetzt. Das heißt, der Freund macht schließlich auf, weil er das Klopfen nicht mehr ertragen kann. Man mag es so interpretieren, aber der Ausdruck enthält noch weitere Bedeutungsvarianten. Es geht auch um Scham. Der Freund würde sich schämen, wenn er der Bitte nicht nachkäme. Er muss seinen Ruf retten und den Ruf des gesamten Dorfes. Doch Jesus will, wenn ich den Vers recht verstehe, noch etwas Anderes sagen. Das Wort lässt sich nämlich auch mit „Kühnheit“ oder „Nachdrücklichkeit“ übersetzen. Jedem fällt es schwer, eine nachdrückliche und anhaltende Bitte zurückzuweisen. Wenn eine besorgte Mutter nachts um zwei einen befreundeten Arzt anruft, weiß dieser sofort, dass es sich um einen Notfall handelt. Schließlich ruft man zu dieser späten, bzw. frühen Stunde nicht „einfach so“ an. Wenn bei mir mitten in der Nacht ein Nachbar klingelt, weiß ich, dass er mit mir nicht über das Wetter reden will. Er muss etwas ganz Wichtiges auf dem Herzen haben. Ich käme ja auch nicht auf den Gedanken, um drei Uhr morgens nach nebenan zu gehen, um mir einen Liter Milch zu borgen.

Worin nun besteht die Hauptaussage des Gleichnisses vom Bittenden Freund? Ist Gott denn wie ein Nachbar, der sich über die Störung ärgert, wenn ich Ihm immer wieder mit derselben Sache in den Ohren liege? Ist Er nicht zu sprechen, so wie ein Mensch, der sich hingelegt hat? Weiß Er nicht, wo mich der Schuh drückt? Nein, ganz im Gegenteil! Gott, „der Hüter Israels, schläft noch schlummert nicht“ (Psalm 121,4). Gott ist kein Freund, den wir erst aufwecken müssten, sondern ein Vater, der uns liebhat und immer für uns da ist. Die Hauptaussage der Geschichte ist vielmehr diese: Wenn schon ein schläfriger Nachbar schließlich aufsteht und mir gibt, was ich brauche, wie viel mehr wird der Vater im Himmel meine Gebete erhören! Wenn unsere Kinder in Not geraten und uns mitten in der

Nacht anrufen, werden wir uns zwar nicht darüber freuen, dass sie uns aus dem Tiefschlaf geweckt haben, aber wir werden alles daran setzen, um ihnen zu helfen, koste es, was es wolle. Wie viel mehr wird dann der Vater im Himmel uns bereitwillig das geben, was wir in seinem Namen erbitten! Das Gleichnis stellt also keinen Vergleich auf, sondern es lebt von der Kontrastierung. Unser Herr ist nicht wie ein schlafender Nachbar. Wir brauchen Ihn nicht aufzuwecken oder an seinen guten Ruf zu appellieren, damit Er endlich handelt. Er hört uns mit Sicherheit, und Er wird uns eine Antwort geben. Jesus sagt dies nicht explizit, wohl aber zwischen den Zeilen. Wir können es aus seinen Worten folgern. Die dem Gleichnis folgenden Verse machen es deutlich, wie sehr uns Jesus dazu auffordert, mit Kühnheit und voller Vertrauen – mit „Freimut", wie es in der alten Lutherübersetzung heißt (Hebräer 4,16) – zu Gott zu kommen.

Das Geheimnis des ausdauernden Betens

> Und ich sage euch: Bittet, so wird euch gegeben; sucht, so werdet ihr finden; klopft an, so wird euch aufgetan! Denn jeder, der bittet, empfängt; und wer sucht, der findet; und wer anklopft, dem wird aufgetan. Welcher Vater unter euch wird seinem Sohn einen Stein geben, wenn er ihn um Brot bittet? Oder wenn [er ihn] um einen Fisch [bittet], gibt er ihm statt des Fisches eine Schlange? Oder auch wenn er um ein Ei bittet, wird er ihm einen Skorpion geben? Wenn nun ihr, die ihr böse seid, euren Kindern gute Gaben zu geben versteht, wie viel mehr wird der Vater im Himmel [den] Heiligen Geist denen geben, die ihn bitten!" (Lukas 11,9-13)

Das erste, was der Herr uns klar machen will, ist die Bedeutung der Hartnäckigkeit. Dies zeigt sich in der Häufung der Verben „bitten", „suchen", „anklopfen", die zudem im Griechischen in einer Zeitform stehen, die nur dann verwendet wird, wenn es sich um eine anhaltende Tätigkeit handelt. Wir müssten also eigentlich übersetzen: „Haltet an mit bitten (suchen klopfen ...)." Gebt nicht auf! Macht weiter! Es geht nicht um eine beiläufige Handlung, sondern um ein beherztes, andauerndes und ausdauerndes Tun.

Hindernisse halten den Beter nicht ab, sondern fordern ihn zum Weitermachen auf. Jetzt erst recht!

Der Herr sagt uns in diesen Versen nicht, worum wir bitten sollen, was wir suchen sollen, weshalb wir anklopfen sollen. Aber er macht deutlich, dass wir zum Vater kommen sollen, denn dem Vater im Himmel liegt daran, uns zu helfen. Wir sollen nicht quengeln wie kleine Kinder, wohl aber unsere Bitten nachdrücklich vortragen. Oft ist es ja so, dass Gott die Antwort auf ein Gebet etwas hinauszögert, vielleicht, weil die Umstände noch nicht reif sind, oder weil Er uns Geduld lehren möchte. Wenn wir beten, geben wir zu, dass wir Hilfe brauchen. Und wir geben zu, dass wir uns selbst nicht helfen können, sondern ganz und gar auf Gott angewiesen sind. Wären wir davon überzeugt, dass wir uns zur Not auch selbst helfen könnten, bräuchten wir nicht weiter zu beten. Erst der Gedanke „Wenn mir Gott nicht hilft, dann hilft mir keiner", treibt uns dazu an, ausdauernd bei Ihm um Hilfe zu flehen. Und doch ist nicht unsere Ausdauer die Garantie für eine Gebetserhörung, sondern das Wesen Gottes. Wir hören nicht auf zu klopfen und zu bitten, weil wir davon überzeugt sind, dass Gott Liebe ist (1.Johannes 4,16), und dass der Vater uns gerne hilft. Schließlich hat Er es in seinem Wort versprochen. Es heißt in Johannes 14,13: „Alles, was ihr bitten werdet in meinem Namen, das will ich tun."

Wie aber sollen wir die wunderbare Zusage der Gebetserhörung verstehen? „Jeder, der bittet, empfängt; und wer sucht, der findet; und wer anklopft, dem wird aufgetan" (Lukas 11,10). Bekomme ich immer alles, worum ich bitte? Sollte die Aussage so gemeint gewesen sein, widerspräche sie jeder menschlichen Erfahrung. Wir alle kennen nicht erhörte Gebete. Und das ist gut und richtig so. Es wäre sehr gefährlich, wenn Gott uns alles geben würde, um das wir Ihn bitten. Ich habe um manches gebetet, was mir zur Zeit des Gebets als sinnvoll und richtig erschien, sich hinterher jedoch als unsinnig oder sogar schädlich herausstellte. Gott ist kein „Gebetserhörungsautomat." Wir haben es bei Ihm nicht mit einem Diener zu tun, der seinen verwöhnten Kindern jeden Wunsch von den Lippen abliest und umgehend erfüllt. Ich persönlich bin sehr froh darüber, dass Gott mir nicht das gibt, was ich haben will. Er gibt mir das, was ich brauche. Einen Gott, der „nach meiner Pfeife tanzt", würde ich nicht ernst nehmen und auch nicht zu Ihm beten. Und so danke ich dem Herrn für seine Allmacht, Übersicht und grenzenlose Weisheit.

Gott möchte unseren Glauben, anders ausgedrückt: unser vollständiges Vertrauen. Die Kernaussage des Gleichnisses und der anschließenden Bildrede lässt sich deshalb in einem Satz zusammenfassen: Wenn wir schon unseren irdischen Vätern vertrauen, dass sie unser Bestes wollen, wie viel mehr können wir unserem Vater im Himmel vertrauen, der vollkommen ist. Das Gleichnis vom Bittenden Freund zeigt uns den Kontrast zwischen dem schlaftrunkenen Freund, der nicht öffnen will und dem bittenden Freund, der sich nicht abweisen lassen will. Die folgenden Verse (11-13) zeigen uns, dass wir vom irdischen Vater auf den himmlischen schließen dürfen.

Kein irdischer Vater ist vollkommen. Wir alle sind sündig und egoistisch. Trotz bester Absichten machen wir als Väter Fehler, die sich auf unsere Kinder auswirken. Und doch haben wir unsere Kinder lieb und wollen ihr Bestes. Wenn sie etwas brauchen, kommen sie zu uns. Und wenn sie uns um etwas bitten, etwa um einen Fisch oder ein Ei, würden wir ihnen niemals etwas Schädliches geben, wie zum Beispiel eine Schlange, die dem Aal zum Verwechseln ähnlich sieht, oder einen Skorpion, der sich hinter den frisch gelegten Eiern versteckt hat. Wir versuchen, ihnen genau das zu geben, was sie nötig haben. Wir geben gerne und freuen uns über ihre dankbare Reaktion. Was gibt es Schöneres, als in strahlende Kinderaugen zu sehen, wenn wir ihnen etwas geschenkt haben!

Und nun sagt Jesus: „Wie viel mehr wird der Vater im Himmel (...) denen geben, die ihn bitten" (Lukas 11,9-13). Er ist unser himmlischer Vater, und er tut nicht weniger, sondern mehr als ein irdischer Vater. Er „denkt an uns und segnet uns" (Psalm 115,12; Lutherübersetzung). Er gibt gerne, und Er freut sich über unsere Dankbarkeit. Gott ist der vollkommene Vater. Als irdischer Vater höre ich die Bitten meiner Kinder wohl, aber manchmal weiß ich nicht, was sie wirklich brauchen. Gelegentlich scheue ich mich, ihren Bitten nachzugeben, denn ich will sie nicht verwöhnen oder gar lebensuntüchtig machen. Manchmal sage ich „Nein", und hinterher tut es mir leid. Ich frage mich dann: Wie kam ich nur dazu, ihnen diesen Wunsch abzuschlagen? Welches Motiv steckte dahinter? Ich gebe mir redliche Mühe und versuche, mein Bestes zu geben, aber manchmal reicht es nicht. Ich stoße an meine Grenzen. Die Weisheit Gottes dagegen hat keine Grenzen. Wenn Er „Ja" sagt, ist es gut. Wenn Er „Nein" sagt, ist es auch gut. Er erzieht mich, aber er verwöhnt mich nicht. Und er ist niemals abgelenkt, reizbar oder müde. „Der Hüter Israels schläft noch schlummert nicht" (Psalm 121,4). Ich kann jederzeit zu Ihm kommen, in dem absoluten Vertrauen, dass er mir nie einen Wunsch erfüllen wird, wenn die Erfüllung dieses Wunsches nicht gut für mich wäre und seiner Ehre dienen würde.

Eine Frage bleibt noch: Was gibt Er mir? In der Parallelstelle, Matthäus 7,11, heißt es: „Wie viel mehr wird euer Vater im Himmel denen Gutes geben, die ihn bitten." Welch eine Verheißung! Doch der Schwerpunkt im Lukasevangelium liegt anderswo. Hier heißt es: „Wie viel mehr wird der Vater im Himmel den Heiligen Geist geben denen, die ihn bitten" (Lukas 11,13). Das „Gute" bei Lukas ist der Heilige Geist. Er ist das Brot des Lebens. Um ihn sollen wir bitten. Wir sollen anklopfen und wieder nachfragen, solange, bis wir Ihn bekommen.

Doch wie sollen wir diese Aussage verstehen? Schließlich macht die Bibel unmissverständlich klar, dass wir den Heiligen Geist bei der Bekehrung bekommen haben. Christus sagt: „Wer an mich glaubt, wie die Schrift sagt, aus seinem Leib werden Ströme lebendigen Wassers fließen. Das sagte er aber von dem Geist, den die empfangen sollten, welche an ihn glauben" (Johannes 7,38f). Diese Verheißung wurde zu Pfingsten erfüllt. Seither wohnt der Heilige Geist in jedem Gläubigen, das heißt, in jedem Menschen, der darauf vertraut, dass Christus seine Sünden vergeben hat. Als Kinder Gottes macht es also keinen Sinn, um den Heiligen Geist zu bitten, denn das würde ja bedeuten, dass wir Ihn noch nicht haben.

Natürlich bietet es sich an, den Vers (Lukas 11,13) so zu deuten, als weise er auf das Pfingstfest hin. Schließlich gab uns Jesus diese Verheißung vor der Ausgießung des Heiligen Geistes. Handelt es sich also um eine Prophetie, die an Pfingsten erfüllt wurde? Eine solche

Interpretation überzeugt nicht, denn an keiner anderen Stelle der Schrift wird gesagt, dass diejenigen den Geist bekommen, die darum bitten. Wie also deuten wir den Vers richtig? Die Antwort auf diese Frage wird uns im Einleitungskapitel des Epheserbriefes gegeben. Dort betet der Apostel Paulus für die Gläubigen in Ephesus, Gott möge ihnen „den Geist der Weisheit und Offenbarung [geben] in der Erkenntnis seiner selbst" (Epheser 1,17). Bereits in Vers 13 hat Paulus klargestellt, dass die Gläubigen zu dem Zeitpunkt, als sie gläubig wurden, „versiegelt worden [sind] mit dem Heiligen Geist der Verheißung." Was Paulus nun betet, geht über diese Versiegelung hinaus und bezieht sich auf einen ganz speziellen Dienst des Geistes an den Gläubigen. Es geht darum, dass wir erkennen, was wir besitzen, und was die „überwältigende Größe seiner Kraftwirkung an uns ist" (Epheser 1,19). Es handelt sich, wie der Apostel sagt, um dieselbe Kraft, die Gott in Christus wirken ließ, „als er ihn aus den Toten auferweckte" (Vers 20). Es geht also nicht um den Empfang des Geistes, sondern um seinen Beistand.

Das Wort „Beistand" beschreibt einen ganz wichtigen Aspekt des Heiligen Geistes, der ja auch „Helfer" oder „Tröster" genannt wird. „Ich lasse euch nicht als Waisen zurück, ich komme zu euch", heißt es im Johannesevangelium (14,18). Das Gute also, um das wir bitten sollen (nachhaltig, ausdauernd, immer wieder anklopfend) ist der Beistand des Heiligen Geistes. „Denn wir wissen nicht, wie wir beten sollen, wie sich's gebührt; aber der Geist selbst tritt für uns ein mit unaussprechlichen Seufzern" (Römer 8,26). Natürlich setzt dieser geistliche Aspekt den irdischen, die Bitte um „unser täglich Brot", nicht außer Kraft. Wohl aber sollen wir erkennen, dass wir uns beim Beten viel zu oft bei Nebensächlichkeiten aufhalten, anstatt uns auf die Hauptsache zu konzentrieren. Die Hauptsache also, um die wir anhaltend bitten sollen, ist der Beistand des Geistes, sind „geöffnete Augen unseres Herzens."

Ich fassse zusammen: Der Herr lehrt uns beten. Er möchte, dass wir dies im Vertrauen zu Ihm tun, in der Gewissheit, dass der liebende Vater im Himmel uns erhört und für uns sorgt. Wir sollen dies nachdrücklich und ausdauernd tun und mit Freimut, das heißt, mit Kühnheit vor dem Thron Gottes erscheinen. Wir dürfen Ihm unser Herz ausschütten und wissen, dass Er uns niemals „vor der Tür stehen“ lassen würde. Wir sollen nach seinem Willen beten und nicht egoistisch. Wichtig ist, dass die Augen unseres Herzen geöffnet werden, so dass wir erkennen, dass wir Ihn und seinen Geist am nötigsten brauchen.

Wie sehen Sie persönlich das Gebet? Als Sauerstoffmaske oder als Atemluft? Viele von uns leiden unter „geistlichem Asthma.“ Wir atmen nicht so, wie wir sollten. Wir „wursteln“ uns durchs Leben und schnappen nach Luft. Wir haben nicht, weil wir nicht beten (vgl. Jakobus 4,2). Beten bedeutet: Wir schaffen es nicht alleine. Wir brauchen die Hilfe Gottes. Und wenn wir ausdauernd beten, werden wir sie erfahren. Dazu hat sich Gott in seinem Wort verpflichtet.

~10~
Beim Vater Gehör finden

Aus den Geschichtsbüchern wissen wir, dass im Jahre 1815 Arthur Wellesley, der Erste Herzog von Wellington, die Franzosen in der Schlacht von Waterloo besiegte. Nach diesem Sieg wurde der Herzog und spätere englische Premierminister gefragt, welches von den beiden Heeren sich durch die größere Tapferkeit ausgezeichnet hätte. Der Duke of Wellington soll geantwortet haben: „Die Franzosen waren mit Sicherheit genauso tapfer wie wir. Aber wir waren fünf Minuten länger tapfer!"

In fast allen Lebensbereichen hat derjenige mehr Erfolg, der länger durchhält. Die größte Begabung nützt nichts, wenn ein Mensch aufgibt, sobald er unter Druck ist. Oder wenn er den Druck das eine Mal aushält und das andere Mal darunter zusammenbricht. Fabian Hambüchen hätte nicht das erreicht, was er erreicht hat, wenn er beim kleinsten Widerstand aufgegeben hätte. Und Madgalena Neuner wäre mit Sicherheit nicht dreimal Sportlerin des Jahres geworden, wenn sie nicht hart trainiert hätte. „Blut, Schweiß und Tränen" mag etwas martialisch klingen, aber jede Spitzensportlerin und jeder Spitzensportler weiß, wovon die Rede ist.

William Carey, der Begründer der neuzeitlichen christlichen Mission, war ein Mann, der ganze Kontinente geprägt hat. Sein Leben hinterließ Spuren in England, in Indien und später in der gesamten christlichen Welt. Carey war ein einfacher Schuster ohne jede Schul-, geschweige denn Hochschulbildung, aber er hatte ein Ziel: Er träumte davon, nach Indien zu reisen und dort die Bibel zu übersetzen. Schon die Reise war eine Strapaze, aber sie war nichts im Vergleich zu dem, was ihn auf dem Subkontinent erwartete. Und doch nahm er seine Lebensberufung in Angriff, überwand Hindernisse und hinterließ am Ende seines Lebens eine Missionsstation, mehrere christliche Gemeinden und sechs Übersetzungen der Heiligen Schrift in verschiedenen indischen Sprachen.

Carey wurde einmal gefragt, wie er es geschafft habe, trotz der widrigen Umstände so viel zu erreichen. „Ich kann dranbleiben", soll er geantwortet haben. „Wenn ich eine Arbeit in die Hand nehme, dann bleibe ich dran. Diesem Durchhaltevermögen habe ich alles zu verdanken. Die wenigsten Menschen wissen, was sie vollbringen können, bis sie es versuchen und bis zum Schluss durchhalten."

„Durchhaltevermögen" – das klingt in der Tat nach Schweiß und Tränen. Viele Menschen sehnen sich danach, in ihrem Leben etwas zu erreichen. Und wie gut tut es, wenn Andere das Erreichte bewundern, sei es im Sport, in der Politik oder im Alltag. Leider fragen nur Wenige nach dem Weg zum Ziel, oder nach den Opfern, die das Erreichen des Ziels gekostet hat. Im *American Football* kursiert schon seit vielen Jahren der Spruch *No pain, no gain* (etwa: „Ohne Fleiß kein Preis"). Ja, es tut weh und es erfordert Opfer, Ausdauer und harte Arbeit, den Siegespreis zu erringen (vgl. 1.Korinther 9,24). Doch wie erlangen wir als Christen das nötige Durchhaltevermögen?

Wir leben in einer gefallenen Welt, in einer Umgebung voller Widerstände. Der Herr weiß das, und er möchte uns durch sein Wort und seinen Geist die Ausrüstung mitgeben, mit der wir im geistlichen Kampf bestehen können. Gott möchte, dass seine Leute widerstandsfähig sind. Genau das meint die Bibel, wenn vom „Bestehen in der Anfechtung" die Rede ist (Epheser 6,13). Doch wie werden wir widerstandsfähig? Nicht durch eigene Anstrengung, sondern nur durch das Gebet. Das Gleichnis vom Bittenden Freund zeigt uns, wie es geht. Wir sollen nachdrücklich und ausdauernd beten. Das Gleichnis vom Ungerechten Richter (Lukas 18,1-8) zeigt uns, wie wir durch die Ausdauer im Gebet unsere Widerstandskraft stärken können.

Nicht nachlassen im Gebet

Kapitel 18 beginnt mit den Worten: „Er sagte ihnen aber auch ein Gleichnis dafür, dass man allezeit beten und nicht nachlässig werden solle" (Lukas 18,1). Auch hier ist es wiederum wichtig, den Zusammenhang zu beachten: Lukas 18 nimmt nämlich den Faden einer vorausgegangenen Diskussion wieder auf. Es heißt im Text: „Er sagte ihnen (...) ein Gleichnis." Inhaltlich wird hier der Bezug zu Lukas 17,20 hergestellt, wo Jesus von den Pharisäern gefragt wird, „wann das Reich Gottes komme." Diese Frage war den jüdischen Gelehrten aller Schattierungen sehr wichtig, und nun hatte Jesus behauptet, dass das Reich Gottes bereits gekommen sei (Lukas 11,20). Die Art und Weise, wie das Reich Gottes präsent war, beschreibt der Herr mit folgenden Worten: „Das Reich Gottes kommt nicht so, dass man es beobachten könnte. Man wird nicht sagen: Siehe hier! oder: Siehe dort! Denn siehe, das Reich Gottes ist mitten unter euch." (Kap. 17,20f). Das Reich Gottes war in Christus gekommen, und weil Christus bei den Menschen war, war das Reich Gottes im damaligen Judäa „mitten unter" ihnen.

Eine solche Gegenwärtigkeit des Reiches Gottes unterschied sich natürlich von dem, was die Juden damals aufgrund ihrer Interpretation des Alten Testaments erwarteten. Und so wendet sich der Herr in einem zweiten Schritt an die Jünger, um ihnen genauer zu erklären, wann der endgültige Anbruch des Reiches Gottes in Macht und Herrlichkeit zu erwarten ist. Er spricht vom „Tag des Herrn". Denn es wird ein Tag kommen, heißt es in der Schrift, „da der Sohn des Menschen geoffenbart wird" (Kap. 17,30). Dieser Tag wird ein leuchtender Tag sein, „denn gleich wie der Blitz, der in einer Himmelsgegend erstrahlt, bis zur anderen leuchtet, so wird auch der Sohn des Menschen sein an seinem Tag" (Kap. 17,24). Der Tag wird kommen, an dem das Böse – und der Böse – ein für alle Mal beseitigt werden (Vers 27 und 29).

Wie kann man als Jünger Jesu in Zeiten der Anfechtung und Trübsal bestehen, wenn es schon vom Menschensohn heißt, dass er „viel leiden" muss und „verworfen werden von diesem Geschlecht" (Vers 25) und an anderer Stelle, dass seine „Auserwählten Tag und Nacht zu ihm rufen" (Kap. 18,7)? Wie überleben wir als Christen in Zeiten, in denen unser Glaube angefochten wird (Kap. 18,8)? Solche Fragen stellen sich, wenn im 18. Kapitel davon die Rede ist, dass ein Jünger „allezeit beten und nicht nachlässig werden soll" (Vers 1). Die größte Versuchung ist die Versuchung, einfach aufzugeben (so eine andere Übersetzung für „nachlässig werden"). Wer hätte sich nicht schon einmal mit dem Gedanken ans Aufgeben getragen? Wir alle werden von dieser Anfechtung getroffen, denn wir leben in einer Welt der Sünde, des Unglaubens, der raffinierten Versuchung – und der persönlichen Schuld.

Was tun, wenn der Teufel flüstert: „Sage Gott ab und stirb" (Hiob 2,9). Was tun, wenn alles in uns schreit: „Gib's auf, wirf die Flinte ins Korn?" Es ist so viel einfacher, mit dem Strom zu schwimmen, als sich gegen den Zeitgeist zu stemmen. Es ist eine enorme Versuchung, sich der Welt anzupassen, in moralischer, sozialer, ethischer und auch geistlicher Hinsicht. Wie bleiben wir stark in dem Herrn? Reicht Selbstüberwindung und Disziplin? Brauchen wir doch mehr als nur positives Denken?

Unser Gleichnis gibt die Antwort: Allezeit beten und nicht aufgeben! Anfechtung lässt sich nicht durch positives Denken bekämpfen, nur durch dauerhaftes Beten. Die Übersetzung von Lukas 18,1 ist dabei in vielen Bibelausgaben noch zu schwach. Es geht nicht darum, dass wir beten sollen (nach der Devise: wenn uns gerade danach zu Mute ist), sondern es heißt im griechischen Text ganz klar, dass wir beten müssen. „Er sagte ihnen aber auch ein Gleichnis dafür, dass man allezeit beten muss und nicht nachlässig werden darf" – so die wörtliche Übersetzung von Lukas 18,1. Beten ist der Wille Gottes für uns. Nur die Betenden halten durch, weil nur die Betenden den Willen Gottes tun und seine Kraft in ihrem Leben erfahren.

Das nächste wichtige Wort in unserem Vers in das Zeitadverb „allezeit". Was müssen wir tun? Nicht nur beten, sondern *allezeit* beten. „Betet ohne Unterlass", heißt es im 1. Thessalonicherbrief (5,17), und im Epheserbrief: „Betet allezeit mit Bitten und Flehen im Geist und wacht dazu mit aller Beharrlichkeit im Gebet ..." (Epheser 6,18). Heißt das, wir sollen immer beten? Nichts tun als Beten? Nein, aber es heißt, nichts tun ohne zu beten. Die Schriftgelehrten zur Zeit Jesu waren der Ansicht, dass man beim Beten des Guten auch zuviel tun könne. Dreimal am Tag, so lehrten sie, reiche aus. Schließlich solle der Mensch Gott mit seinem Beten nicht ermüden. Nicht nur im Judentum, auch im Islam gibt es feste Gebetszeiten. Fünfmal am Tag betet der fromme Muslim und neigt sich in Richtung Mekka. Und nun sagt Jesus Christus, dass es um etwas ganz anderes geht:

nicht um das Sprechen oder Aufsagen von Gebeten, sondern um das beständige Beten als Herzenshaltung vor Gott. Das Gebet ist die wichtigste Waffe der Christen, die in der heutigen Zeit so vielen Missverständnissen und Anfeindungen ausgesetzt sind. Wer nicht betet, wird bald müde. Jesus sagt: „Betet, dass ihr nicht in Anfechtung geratet" (Lukas 22,40).

Wir sind als Christen Bürger des Reiches Gottes. Sein kommendes Reich ist ein Reich der Herrlichkeit. Aber wir leben noch in dieser gefallenen Welt. Noch ist Jesus nicht wieder gekommen, noch hat er sein Reich nicht endgültig errichtet. Und wenn wir in dieser „bösen Zeit" (Epheser 5,16) bestehen wollen, gibt es für uns Christen nur eine Möglichkeit: Beharrlichkeit im Gebet. Das Gleichnis vom ungerechten Richter zeigt uns, wie das praktisch aussieht.

Das Gleichnis vom ungerechten Richter

> Und er sprach: Es war ein Richter in einer Stadt, der Gott nicht fürchtete und sich vor keinem Menschen scheute. Es war aber eine Witwe in jener Stadt; die kam zu ihm und sprach: „Schaffe mir Recht gegenüber meinem Widersacher!" Und er wollte lange nicht; danach aber sprach er bei sich selbst: „Wenn ich auch Gott nicht fürchte und mich vor keinem Menschen scheue, so will ich dennoch, weil mir diese Witwe Mühe macht, ihr Recht schaffen, damit sie nicht unaufhörlich kommt und mich plagt." (Lukas 18,2-5)

Das Gleichnis spielt im juristischen Umfeld zur Zeit Jesu und handelt von zwei Menschen, die unterschiedlicher nicht sein könnten. Der Richter steht offensichtlich auf dem Höhepunkt seiner Macht. Er ist eine Autoritätsperson und schuldet niemandem Rechenschaft (wie er glaubt). Für wie mächtig sich dieser Mann hält, kommt in den Worten zum Ausdruck, dass er weder vor Gott noch Menschen Respekt hat. Der Mann ist ein Macher, ein Manager – jemand, der über Leichen geht. Er lebt nach der Devise: „Wo ich bin, ist vorne." Das Wort Rücksicht kennt er nicht.

Ihm gegenüber steht die Witwe, ein Symbol der Schwäche und Machtlosigkeit. In der damaligen, von Männern beherrschten

Gesellschaft hat sie wenig zu sagen. Wahrscheinlich ist die Frau bitterarm, denn es gibt niemanden mehr, der nach dem Tod ihres Ehemannes für sie aufkommt. Sie hat weder Beschützer noch Fürsprecher, und scheint darüber hinaus von einer gewissenlosen Person rücksichtslos ausgenutzt worden zu sein. Sie mag im Recht sein, aber damals wie heute gilt: „Recht haben ist etwas anderes als Recht bekommen." Und so steht sie als hilflose Frau vor einem Richter, dem sie im Grunde egal ist.

Sicher hätte sich der Richter eigentlich um die Witwe kümmern müssen. Die jüdische Tradition und die Gesetze der Tora verpflichteten einen Richter, sich vordringlich um die Witwen und Waisen zu kümmern und sie nicht abzuweisen. Der Richter wird das gewusst haben, aber er handelte nicht danach. Er ließ die Frau einfach auflaufen und reagierte nicht auf ihre Bitten. Aber die Witwe lässt sich nicht abwimmeln. Er hüllt sich in Schweigen, sie setzt auf „Dauerfeuer." Immer wieder bringt sie ihr Anliegen vor. Sie ist die Hartnäckigkeit in Person. Und dann wird es dem Richter zu bunt: „Ich habe zwar weder vor Gott noch den Menschen Respekt", sagt er, „aber diese Frau geht mir allmählich auf die Nerven." Und so nimmt er sich ihrer Sache an, wenn auch nur, um sie loszuwerden.

Was für eine merkwürdige und erstaunliche Geschichte. Sollen wir mit unserem Gebet Gott „auf die Nerven gehen?" Sollen wir uns Gott vorstellen als einen egoistischen Richter, dem man so lange in den Ohren liegen muss, bis man seinen Willen bekommt? Natürlich nicht. Es verbietet sich geradezu, so über Gott zu reden. Aber was ist dann gemeint? Die folgenden Verse zeigen es uns.

Wie viel mehr ...

> „Und der Herr sprach: Hört, was der ungerechte Richter sagt! Gott aber, wird er nicht seinen Auserwählten Recht schaffen, die Tag und Nacht zu ihm rufen, wenn er auch lange zuwartet mit ihnen? Ich sage euch: Er wird ihnen schnell Recht schaffen! Doch wenn der Sohn des Menschen kommt, wird er auch den Glauben finden auf Erden?" (Lukas 18,6-8)

Jesus spricht in diesem Gleichnis von Gott und „seinen Auserwählten." Er möchte, dass wir begreifen, dass der Gott, zu dem wir beten, nichts gemein hat mit einem ungerechten Richter, wie er uns in der Geschichte vor Augen geführt wird. Nein, wir sollen und können Gott nicht manipulieren. Er weiß, was wir brauchen, und seine Fürsorge ist schon lange da, bevor wir überhaupt mit dem Beten beginnen. Die Länge und Intensität unseres Betens hat nichts mit seiner Bereitschaft zum Handeln zu tun. Wir beten nur dann in rechter Weise, wenn wir das rechte Verständnis von Gott haben, wenn wir wissen, dass der Vater im Himmel ein Gott ist, der immer für uns ist und alles für uns tut.

Wir sind auch nicht wie die hilflose Witwe, die nichts als ihre Beharrlichkeit vor Gott vorzuweisen hat. Wir sind die Auserwählten – Kinder des Höchsten aufgrund seiner Gnade, auf uns wartet ein herrliches Erbe im Himmel. Die Gewissheit, dass wir Gott gehören, sollte uns ein Gefühl der Dankbarkeit, der Sicherheit und des Vertrauens geben. Unsere Erwählung hat ein Ziel. T.W. Manson sagt in seinem Buch *The Sayings of Jesus* („Worte Jesu"): „Die Auserwählten sind nicht die Verwöhnten der göttlichen Vorsehung, sondern die Elitetruppen des lebendigen Gottes im geistlichen Kampf."[13] Als Bürger des Reiches Gottes und Kinder des himmlischen Vaters können wir voller Zuversicht vor seinen Thron treten. Auch in dieser Geschichte gibt es wieder ein „Wie viel mehr", welches den Brennpunkt des Gleichnisses ausmacht. Wenn schon eine arme Witwe, die nichts weiter als ihre Ausdauer vorweisen konnte, bei einem ungerechten Richter Gehör fand, wie viel mehr werden wir als Auserwählte Gottes bei unserem gnädigen Vater angenommen werden!

Unsere Hilfsbedürftigkeit

Ein Christ ist jemand, der weiß, dass er auf die Hilfe Gottes angewiesen ist. Der Herr spricht von den „Auserwählten" als denen, die „Tag und Nacht zu ihm rufen." Es heißt nicht „reden", sondern „rufen." Das Wort zeigt, wie intensiv das Beten werden kann. Nur wenige Verse später erzählt Lukas von einem blinden Bettler, der laut nach dem Sohn Davids ruft (Lukas 18,38f). Dies war keine höflich und verhalten vorgetragene Bitte, sondern ein intensives, sehr lautes

13 Seite 141, keine Angabe des Verlags im Original.

Rufen, vielleicht sogar Schreien. Hier war ein Mensch, der nichts zu verlieren und alles zu gewinnen hatte. Er schrie zu Gott in seiner Verzweiflung. Darum geht es beim Beten: um das Ausschütten des Herzens vor dem Thron Gottes angesichts der Widrigkeiten und Anfechtungen des täglichen Lebens. Und dies geschieht nicht nur einmal, sondern so lange, bis sich etwas tut. Das bedeutet nicht, dass wir uns ständig wiederholen. Wir liegen Gott nicht in den Ohren oder gehen Ihm auf die Nerven, so wie uns die Stimme eines Anrufbeantworters auf die Nerven geht, die immer wieder dasselbe sagt. Es geht auch nicht darum, dass wir als Betende nur bereit sind, ein Ja zu akzeptieren. Beten ist der Schrei zum Vater in den Widrigkeiten des Alltags.

Vor vielen Jahren, lange bevor Mobiltelefone und Skype erfunden waren, hielt ich mich am Geburtstag unserer Tochter in Westafrika auf. Ich besuchte ein paar Missionare, und sie sagten mir, es gäbe nur fünfzehn Telefonleitungen zu diesem Land, und ich solle nur nicht nach zehn Minuten aufgeben. „Versuche es einfach so lange, bis du durchkommst." Ich muss immer an diese Begebenheit denken, wenn ich über das Thema „Ausdauer im Gebet" nachdenke. Nach eineinhalb Stunden schließlich hörte ich das wunderbare Freizeichen, das heißt, jetzt klingelte in Kanada das Telefon. Ich hörte die Stimme meiner Tochter, doch sie konnte mich nicht hören. Und so versuchte ich es erneut, immer und immer wieder, und am Ende konnten wir tatsächlich miteinander sprechen. Ist es beim Beten genauso? Bedeutet Ausdauer, es immer wieder zu versuchen, so lange, bis man erhört wird?

Wir wissen nicht, warum wir manchmal nicht „durchdringen", warum der Herr unsere Gebete zwar hört, aber nicht erhört, so dass wir das Gefühl haben, die Kommunikation sei eine Einbahnstraße. Ein Grund mag der sein, dass Gottes Zeitplan nicht immer dem unseren entspricht. „Gottes Uhren gehen anders." Der ungerechte Richter im Gleichnis hat keine Lust, sich um die Witwe zu kümmern. Gott hat immer „Lust", sich um uns zu kümmern. Aber Er hat den Überblick, und in seiner Allmacht erfolgt die Antwort auf unsere Fragen und Bitten nicht immer sofort. Ein weiterer Grund für scheinbar unerhörte Gebete liegt darin, dass wir zum Zeitpunkt des Gebets vielleicht noch nicht reif genug sind, um die Antwort zu verkraften. In einer Predigt hörte ich einmal folgenden Vergleich:

Wenn ein Baby nachts schreit und seine Flasche haben will, wird die Mutter oder der Vater darauf achten, dass die Milch genau die richtige Temperatur hat. Sie darf nicht zu heiß und nicht zu kalt sein. Was mag das Baby denken, wenn es die Flasche vor sich sieht, aber die Milch noch nicht bekommt? Es weiß nicht, dass sie noch ein wenig abkühlen muss, und sein Durst daher erst in ein paar Minuten gestillt wird. Das Baby schreit und schreit (bittet und bittet). Doch die Eltern sind nicht grausam. Sie wollen das Beste für ihr Kind. Sie reichen ihm die Milch in der idealen Temperatur, genau zum rechten Zeitpunkt. Oder – ein anderes Beispiel – denken wir an die Wünsche unserer Jugendlichen. Wäre es nicht furchtbar, wenn jeder Achtzehnjährige das Auto bekommt, das er gerne haben möchte? Oder jede Fünfzehnjährige selbst bestimmen kann, wann sie abends nach Hause kommt? Vertrauen wir doch unserem himmlischen Vater, dass Er es besser weiß!

Ein (noch) nicht erhörtes Gebet lässt den Christen geistlich wachsen und weiser werden. Wir können in der Zwischenzeit gründlich darüber nachdenken, ob wir das Erbetene wirklich brauchen, ob es wirklich gut für uns ist. Manche Wünsche sind vergänglich und schlecht. Oft bringt erst die Zeit die guten Wünsche, nämlich die Wünsche im Sinne Gottes, an den Tag. Ein weiterer, positiver Aspekt betrifft die Vertiefung unserer Gemeinschaft mit Gott. Wenn es beim Beten immer „ruck zuck" geht und ich niemals auf eine Gebetserhörung warten muss, verpasse ich vielleicht die Möglichkeit, näher an Gott zu rücken und Ihn besser kennenzulernen. Oft führen ausbleibende Antworten auf ein Gebet dazu, dass sich der Beter noch enger an seinen Herrn klammert. Nicht, dass ausbleibende Antworten auf unsere Gebete schön wären, aber darum geht es nicht: Solche Verzögerungen lehren uns „dran zu bleiben" und uns immer wieder an den zu wenden, der uns als Einziger helfen kann. Campbell Morgan, Pfarrer an der Londoner *Westminster Chapel* in den 1950er Jahren, sagte einmal: „Wer nur hin und wieder betet, um sich von Gott irgendeinen Wunsch erfüllen zu lassen, hat nicht begriffen, worum es beim Beten geht: Das Gebet ist ein Geheimnis.

Es ist ein Schrei aus der Tiefe der Seele, verbunden mit dem Wunsch, dass Gottes Wille sich durchsetzt."[14]

Unsere Hoffnung

Eins jedoch kann uns niemand nehmen: Die Hoffnung, ja, die Gewissheit, dass Gott zu seiner Zeit antworten wird. Er hat versprochen, sich unserer Sache anzunehmen. „Sollte er's bei ihnen (das heißt seinen Auserwählten) lange hinziehen? Ich sage euch: Er wird ihnen Recht schaffen in Kürze" (Lukas 18,8; LÜ). Der Vers ist gleich in doppelter Hinsicht schwierig zu verstehen. Erste Frage: Was ist mit dem „lange hinziehen" gemeint? Keine der Interpretationen, die ich gelesen habe, überzeugt mich. Selbst Kenner des Altgriechischen scheinen hier vor einer Schwierigkeit zu stehen. Klar ist jedoch, dass der Herr geduldig ist, dass er die Treue der Gläubigen im Gebet belohnt, und dass Er genau zur richtigen Zeit auf ihre Bitten eingeht.

Die zweite, noch weitaus schwierigere Frage betrifft Vers 8. Wie mag es zu verstehen sein, dass der Herr „ihnen schnell Recht schaffen" wird (Lutherübersetzung: „Er wird ihnen Recht schaffen in Kürze")? Dass uns als Christen schnell Gerechtigkeit widerfährt, widerspricht unserer Erfahrung. Für viele Gläubige blieb die Gerechtigkeit auf Erden aus. Sie wurden verfolgt oder starben als Märtyrer. Der Herr Jesus selbst hat auf dieser Erde kein Recht bekommen.

Ich verstehe deshalb auch diesen Vers so, dass Gottes Uhren anders gehen. Unserem Herrn wurde erst durch die Auferweckung „Recht geschaffen." Auch wir dürfen darauf vertrauen, dass unsere Gebete erhört werden, auch wenn wir nicht wissen wann. Aus der Retrospektive, das heißt aus Sicht der Ewigkeit, werden wir dennoch den Eindruck haben, es sei „schnell" gewesen. Die wichtigste Aussage des Gleichnisses ist, dass der Herr uns niemals abweist. „Ich will dich nicht verlassen noch versäumen" (Hebräer 13,5; LÜ). Aufgeschobene Gebetserhörungen sind nie aufgehobene Gebetserhörungen.

Für uns besteht die Herausforderung darin, dran zu bleiben. Nicht aufgeben, nicht verzweifeln, sondern weiter beten. Vers 8 bietet gleich die nächste Herausforderung. Jesus fragt: „Wenn der Menschensohn kommen wird, meinst du, er werde Glauben finden

14 *Classic Sermons on Prayer.* Hg.: Warren Wiersbe, Seite 133, keine Verlagsangabe im Original.

auf Erden?" (LÜ). Sicher will der Herr an dieser Stelle nicht zum Ausdruck bringen, dass er an der Christenheit verzweifelt. Er fordert uns vielmehr dazu auf, an unserem Glauben festzuhalten. Das Wesen Gottes ist unveränderlich, doch der Glaube seiner Christen schwankt wie ein Halm im Wind. Gott ist nicht wie der ungerechte Richter. Wir sollten unsererseits aber darauf achten, dass wir wie die Witwe sind. Er wird antworten, wenn wir nicht aufhören, Ihn zu bitten.

Ich wies anfangs auf den Zusammenhang hin, vor dem das Gleichnis erzählt wird. Wir leben als Jünger Jesu in einer Welt, in der das Reich Gottes noch nicht vollständig angebrochen ist. Wir erfahren Leid, Anfechtung und Verfolgung. Diese Widrigkeiten zerren an uns und bedrücken uns – so sehr, dass manche manchmal ans Aufgeben denken. Der Herr weiß das. Und er weiß auch, dass wir mit seiner Hilfe durchhalten. Nur eines dürfen wir niemals aufgeben: Das treue und nachhaltige Beten. Wer aufhört, „Tag und Nacht zu Gott zu rufen," gibt die wichtigste Kraftquelle auf, die ihm als erwähltes Kind Gottes zur Verfügung steht. „Was betrübst du dich, meine Seele, und bist so unruhig in mir? Harre auf Gott, denn ich werde ihm noch danken, dass er meine Rettung und mein Gott ist." (Psalm 42,12)

~11~
Mich selbst (er)kennen

In meinem Bücherschrank steht ein Buch, das ich immer wieder gern zur Hand nehme. Es heißt *The Culture of Narcissm* (deutscher Titel: „Das Zeitalter des Narzismus"), verfasst von Christopher Lasch. Lasch schrieb in diesem Buch bereits 1979: „Wonach streben die Menschen heute? Sie streben nach gar nichts. Sie leben für den Augenblick, nicht für das Vergangene und nicht für das Zukünftige." Ich denke, diese Beobachtung gilt auch heute noch. Das Ideal der „Selbstverwirklichung" ist nie wirklich hinterfragt worden.

Schon lange hat sich die westliche Gesellschaft von ihren christlichen Wurzeln entfernt. Doch was bleibt, wenn man versucht, Gott abzuschaffen? Eigentlich nur der Egoismus. „Eigenliebe ist die wichtigste Liebe von allen", las ich in einem zeitgenössischen Psychoratgeber. Das „Ich" bestimmt, wo die Wahrheit zu finden ist, und der Sinn des Lebens liegt in der Selbstverwirklichung.

Das Paradoxe ist, dass uns die Humanisten, die uns diese Philosophie („der Mensch ist das Größte") verkaufen wollen, eigentlich unserer Gottebenbildlichkeit berauben. Wir sind nach dem Bilde Gottes geschaffen, tragen die *imago dei*, wie die lateinischen Kirchenväter sagten. Doch die New Age-Gurus unserer Tage sehen das anders: Das „Ich" ist die Quelle des Seins. „In jedem Herzen wohnt Gott", wollen sie uns glauben machen. „Gott wohnt nicht im Himmel, Gott wohnt in dir – und deine Kräfte sind unbegrenzt." Die Lehre von der Sünde passt da natürlich nicht ins Bild, und so hören wir heute oft Predigten – auch in Kirchen und Gemeinden – die uns einreden wollen: „Nicht deine Schuld ist das Problem, sondern dein Mangel an Selbstwertgefühl. Entdecke, dass du ein Sohn oder eine Tochter des Allerhöchsten bist." Die Worte mögen sich ändern, die Botschaft ist immer dieselbe: Der Sinn des Lebens ist Glück, und Glück findet man, wenn man gut zu sich ist. Kurz: Das Ich ist an die Stelle Gottes getreten.

Damit wir uns nicht missverstehen: Ich bestreite nicht, dass es von großer Bedeutung ist, wie wir uns selbst sehen. Nicht das positive Selbstwertgefühl an sich ist das Problem, sondern die Frage, woher wir unseren „Selbstwert“ beziehen. Wenn Gott uns Wert verleiht, ist das etwas ganz anderes als Selbstfindung durch positives Denken. Den Sinn des Lebens werden wir nur finden, wenn unser Leben sich um Gott dreht, und nicht um unser Ego. Diese Wahrheit finden wir auf eindringliche Weise in dem Gleichnis vom Pharisäer und Zöllner veranschaulicht.

> Er sagte aber auch zu etlichen, die auf sich selbst vertrauten, dass sie gerecht seien, und die Übrigen verachteten, dieses Gleichnis: Es gingen zwei Menschen hinauf in den Tempel, um zu beten, der eine ein Pharisäer, der andere ein Zöllner. Der Pharisäer stellte sich hin und betete bei sich selbst so: „O Gott, ich danke dir, dass ich nicht bin wie die übrigen Menschen, Räuber, Ungerechte, Ehebrecher, oder auch wie dieser Zöllner da. Ich faste zweimal in der Woche und gebe den Zehnten von allem, was ich einnehme!“ Und der Zöllner stand von ferne, wagte nicht einmal seine Augen zum Himmel zu erheben, sondern schlug an seine Brust und sprach: „O Gott, sei mir Sünder gnädig!“ Ich sage euch: Dieser ging gerechtfertigt in sein Haus hinab, im Gegensatz zu jenem. Denn jeder, der sich selbst erhöht, wird erniedrigt werden; wer aber sich selbst erniedrigt, der wird erhöht werden. (Lukas 18,9-14)

Ein Gleichnis für die „Generation Ich“

Wie wir im letzten Kapitel sahen, legt Jesus Wert darauf, seine Jünger zu lehren, wie rechtes Beten aussieht. Diese Unterweisung des Herrn erstreckt sich über die ersten acht Verse von Lukas 18.

Auch in der vorliegenden Gleichniserzählung geht es um das Thema „Gebet“, doch die Perspektive ist eine andere. Im Gleichnis vom ungerechten Richter und der Witwe, die mit ihren Bitten nicht nachließ, ging es darum, dass „Gottes Auserwählte“ mutig und zuversichtlich beten sollen. Im Gleichnis vom Pharisäer und Zöllner geht es in gewisser Weise auch um Mut und Zuversicht, aber die beiden Begriffe bekommen einen andere Bedeutung. Die Frage ist: Was geschieht, wenn wir es mit dem Mut und der Zuversicht übertreiben? Der Pharisäer soll uns als Warnung dafür dienen, dass Mut zur Unverschämtheit und Zuversicht zu Selbstgerechtigkeit und Arroganz führen kann.

Der Evangelist Lukas beginnt das Gleichnis mit einem Hinweis auf Beter, die „auf sich selbst vertrauten, dass sie gerecht seien, und die Übrigen verachteten." Dies war die innere Einstellung, die die Pharisäer zur Zeit Jesu vertraten. Wir mögen keine Pharisäer sein, aber das Gleichnis hat auch uns etwas zu sagen. Denn Selbstgerechtigkeit und Selbstüberschätzung sind durchaus nicht auf eine bestimmte religiöse Gruppe des Ersten Jahrhunderts beschränkt. Wir finden selbstherrliche Menschen auch heute noch – und wir brauchen gar nicht lange nach ihnen suchen. Nehmen wir nur ein paar durchschnittliche Studierende unserer Tage. Der Psychologe David Meyers hat ein Buch mit dem Titel *Inflated Self* (etwa: „Das aufgeblasene Ich") geschrieben, dass im Jahre 2002 neu aufgelegt wurde. Er berichtet dort von einem Test, der unter amerikanischen College-Absolventen durchgeführt wurde. Sie sollten sich selbst einschätzen und ankreuzen, ob sie sich für über- oder unterdurchschnittlich begabt hielten. Das Ergebnis? Die überwiegende Mehrheit hielt sich für überdurchschnittlich begabt. Hinsichtlich ihrer sozialen Kompetenz (Frage: „Wie gut kommen Sie mit Ihren Freunden und Bekannten zurecht?") gaben null (!) Prozent an, dass sie eine unterdurchschnittliche Sozialkompetenz aufwiesen. 60 Prozent der Befragten stuften sich auf einer Skala von 1-10 bei 9 ein. Bescheidenheit sieht anders aus! In einer weiteren Veröffentlichung kommen Jeeves und Meyers zu dem Ergebnis, „dass wir heutzutage überhaupt kein Problem mit gesundem Selbstbewusstsein haben, sehr wohl aber ein Problem mit einer realistischen Selbsteinschätzung. Pointiert formuliert: Die Mehrheit der Studierenden leidet nicht unter Minderwertigkeitskomplexen, sondern unter Größenwahn."[15]

Damit soll sicher nicht abgestritten werden, dass wir alle uns manchmal anderen Menschen gegenüber unterlegen fühlen und darunter leiden. Es bestätigt aber, dass wir ebenso gekennzeichnet

15 Myers and Jeeves, *Psychology Through the Eyes of Faith.*

sind durch Stolz, Selbstsucht und Überheblichkeit anderen Menschen gegenüber.

Die Menschen, die damals das Gleichnis vom Pharisäer und Zöllner hörten, waren nicht anders. Sie „vertrauten auf sich selbst, dass sie gerecht seien." Wenn man in den griechischen Text schaut, müsste man eigentlich genauer übersetzen: „Sie setzten ihr Vertrauen auf ihre eigene Gerechtigkeit." Diese Art von Selbstvertrauen steht im Zentrum aller humanistischen Philosophie. Sie ist allein auf den Menschen zentriert. Für den Pharisäer zur Zeit Jesu beinhaltete der Begriff „Selbstgerechtigkeit" noch mehr: Der Pharisäer war davon überzeugt, dass er aufgrund seiner guten Werke bei Gott Annahme fand, zugespitzt formuliert: dass seine Taten ihn in den Augen des Höchsten gerecht machten. Darin unterscheidet sich der Pharisäer natürlich von unseren heutigen Zeitgenossen, denen es nicht mehr um Gott, sondern nur noch um das eigene Ego geht. Luthers Frage nach dem gerechten Gott wird umgedeutet in die menschliche Frage nach dem zufriedenen Ich. „Hauptsache, man hat Spaß!" Die Philosophie, die dahinter steckt, lehrt, dass der Mensch im Grunde gut ist, und dass es vor allem darauf ankommt, dass wir den rechten Zugang zu unserem Ich finden. „Gott ist überall, suche und finde ihn in deiner Seele." Einer dieser New Age-Gurus sagte einmal: „Wir sind perfekt, genau so, wie wir sind. Wer das erkannt hat, hat den Sinn des Lebens gefunden." Viele Wege führen nach Rom, und (so folgert der Esoteriker) viele Wege führen zu Gott und zum Glück. „Nimm das, was für dich funktioniert", sei es New Age, Esoterik, Psychohygiene, Achtsamkeit, oder auch Materialismus. Nimm, was du brauchst, und das Leben läuft. Hauptsache, wir „finden uns selbst."

Die Bibel macht klar, dass eine solche Art von Selbstvertrauen gefährlich ist. Wie immer sich eine solche Ideologie oder Philosophie auch nennt: Sie lässt außer Acht, dass des Menschen Herz von Grund auf böse ist (1.Mose 8,21). Der Mensch ist von Natur aus von Gott getrennt, das heißt sündig. Keine Philosophie und kein gutes Werk kann die Trennung zwischen Gott und Mensch überwinden. Die säkularen Philosophen mögen – um einen von ihnen zu zitieren – noch so viel „vom schier unglaublichen Potential des menschlichen

Geistes" sprechen; letztlich machen sie damit den Menschen zum „Herrn und Retter seiner selbst".[16] Eine solche Philosophie bietet dann, wie Bertrand Russell einmal gesagt hat, „eine solide Grundlage für ständige Verzweiflung". Kurz: die Philosophie der Esoterik und des New Age mag noch so wortreich über die Göttlichkeit der menschlichen Seele reden – eine Antwort auf die wirklichen Fragen hat sie nicht. Ich meine damit die Fragen nach dem Bösen, nach Sünde, nach Leid und Tod. Wer sich erdreistet zu behaupten, dass „sämtliche Vorstellungen von Sünde, Angst und Schuld nichts als Illusionen sind"[17], hat den Bezug zur Realität verloren. Wer Hitlers Gaskammern als Fußnote der Geschichte bezeichnet ohne darüber ein moralisches Urteil zu fällen, zeigt nur, dass ihm jeglicher ethischer Kompass abhanden gekommen ist. Tiefer kann man wohl kaum fallen, als mit einem solchen Urteil.

Wie weit wir inzwischen gekommen sind, zeigt sich auch darin, dass trotz all unserer Ich-Bezogenheit (besser gesagt: wegen unserer Ichbezogenheit), noch nie soviel Angst, Missbrauch und emotionale Unsicherheit herrschte wie in unserer heutigen Zeit. Wer behauptet, dass der Mensch sein eigener Erlöser ist, hat wohl vergessen, die Zeitung zu lesen oder die Nachrichten zu sehen. Eine solche Ideologie widerspricht nicht nur den Fakten, sie führt letztlich zur Auflösung unserer Gesellschaft.

Wer nur an sich selbst denkt, verachtet die anderen. Jesus spricht in unserem Gleichnis genau diese Art von Menschen an, wenn er sagt: „Sie verachten die Übrigen." Wer seine Selbstachtung auf die eigenen Verdienste baut (seien sie religiöser, philosophischer, ökonomischer oder spiritueller Natur), vergleicht sich ständig mit Anderen, respektiert die Anderen aber nicht. Elitäres Denken, Stolz und die ständige Sucht nach Anerkennung sind die Folgen.

Natürlich hätte es die religiöse Elite zur Zeit Jesu weit von sich gewiesen, mit säkularen Philosophen oder der Spiritualität des New Age verglichen zu werden. Und natürlich gibt es Unterschiede zwischen religiöser Selbstgerechtigkeit und moderner Esoterik. Doch

16 vgl. Carlis Lamont, *The Philosophy of Humanism.*
17 Helen Schueman, *A Course in Miracles.*

die Gemeinsamkeiten sind größer. Das Ich wird zum Gott erhoben. Das Ego sitzt auf dem Thron, der allein Gott zusteht.

Wie aber sähe die richtige Philosophie oder Einstellung aus? Die Antwort lautet: Sie kann nur so aussehen, dass sie weder das menschliche Ego zu groß macht (=Selbstverherrlichung), noch es gering achtet (=Selbstverachtung), sondern es aus einer realistischen Perspektive sieht, kurz: so wie Gott selbst es sieht. Genau darum geht es in der Geschichte vom Pharisäer und Zöllner, die im Tempel beim Beten nebeneinander stehen.

Der selbstgerechte Pharisäer

Der Ausdruck „Pharisäer" hat heute fast immer einen negativen Beigeschmack. Wenn man von einer „pharisäerhaften" Einstellung spricht, ist damit nichts anderes als Heuchelei gemeint. In biblischen Zeiten war das anders. Die Pharisäer, zu denen ja auch Gamaliel und Saulus gehörten, stellten die Elite der jüdischen Religion dar. Pharisäer waren hochgebildete Menschen, die sich streng an die Tradition hielten und „alles richtig" machen wollten. Unter den einfachen Menschen waren sie hoch angesehen. Ein Pharisäer war ein Mensch, der seine Religion wirklich ernst nahm. Und doch steht die innere Einstellung dieser Männer im krassen Gegensatz zu der Gnade Gottes, die in Jesus Christus offenbar wurde. „Das Gesetz wurde durch Mose gegeben", heißt es im Johannesevangelium; „die Gnade und die Wahrheit ist durch Jesus Christus geworden" (Johannes 1,17).

Der Pharisäer, der zum Beten in den Tempel geht, kommt dorthin, um seine Pflicht zu erfüllen. Als religiöser Mensch fühlt er sich in dieser Umgebung wohl. Damals stand man beim Beten, und es war nicht unüblich, laut zu beten, sodass es die anderen hören konnten. Wer einmal die Betenden an der Jerusalemer Klagemauer gesehen hat, kann sich die Szene im Tempel gut vorstellen. Dort waren die Pharisäer ein alltägliches Bild. Jesus berichtet also in diesem Gleichnis nichts Ungewöhnliches.

Und doch zeigt der Herr mit seiner Wortwahl, wie unecht und unrecht das Gebet des Pharisäers ist. Es heißt nämlich, der Mann betete „bei sich selbst“ – oder, wie man auch übersetzen könnte „für sich selbst“ oder: „zu sich selbst.“ Es geht beim Beten aber nicht um uns selbst. Es geht um Gott. Insofern haben wir es hier mit einem Menschen zu tun, der nicht verstanden hat, was Beten bedeutet. Der Pharisäer redet nicht mit Gott. Er redet mit sich selbst. Nach Lob, Dank und Anbetung suchen wir in seinen Worten vergeblich. Wer Gott ist, oder was Gott getan hat, interessiert diesen Mann nicht. Sein Gebet ist Selbstlob. Der Pharisäer klopft sich auf die eigene Schulter. Es scheint ihm nicht klar zu sein, dass er sich in der Gegenwart des heiligen, Ehrfurcht gebietenden Schöpfer befindet, der ihn völlig durchschaut. Vielmehr steht er dort aufrecht, auf Augenhöhe mit Gott (wie er meint), deutlich erhoben über seine Mitmenschen, diese üblen Zeitgenossen, unter ihnen Diebe, Ehebrecher und Zöllner.

Die Religiösen unter seinen Zeitgenossen waren von den Worten des Pharisäers sicher schwer beeindruckt. Sie hörten, dass dieser Mann zweimal in der Woche fastete (obwohl die Tradition nur einmal vorschrieb). Sie hörten, dass er den Zehnten von allem, was er einnahm, gab (obwohl die Tradition nur den Zehnten auf den regulären Verdienst vorschrieb und durchaus nicht auf „alle Einnahmen“; der Mann gab also doppelt so viel, wie er musste). Wir haben es hier also mit einem Pharisäer zu tun, der nicht nur Gutes tut, sondern sogar viel Gutes tut, sehr viel mehr als das, was er muss. An seiner Ernsthaftigkeit besteht also kein Zweifel.

Uns, die wir die Geschichte so oft gehört haben, kommt der Pharisäer ein wenig wie eine Karikatur vor. Doch Jesus beschreibt kein Klischee. Im Talmud findet sich ein Gebet, das vielleicht zu jener Zeit verfasst wurde, und sehr stark an die Worte des Pharisäers aus Lukas 18 erinnern. Es lautet:

> Ich danke dir, mein Herr und Gott, dass du mir ein gutes Los beschieden hast: zu sitzen bei denen, die im Haus der Tora sitzen und nicht an den Ecken der Straße. Sie gehen früh zur Arbeit, und ich gehe früh zur Arbeit. Ich arbeite in deinem Wort, doch sie tun Dinge, die nichts taugen. Ich mühe mich, und sie mühen sich auch. Meine Mühen bringen Frucht, ihre

> Mühen bringen keine Frucht. Ich gehe, und sie gehen auch. Ich gehe dem zukünftigen Leben entgegen, sie gehen dem Verderben entgegen.[18]

Und wir Christen? Wir würden nie so beten, oder? Da bin ich mir nicht so sicher. Ich erinnere mich noch sehr gut an meine Ausbildungszeit. Ich besuchte damals fast jeden Sonntag Abend einen Bibelkreis und habe heute noch das Gebet eines älteren Mannes im Ohr, der sinngemäß sagte: „Danke, dass wir heute an deinem Tag dein Wort lesen können, dass wir beten und auf dich hören dürfen und dass wir, um Freude zu empfinden, nicht auf Partys und Trinken angewiesen sind wie die Menschen, die dich nicht kennen." An diesem Gebet war ja was dran. Der Mann hatte nicht Unrecht, und dennoch konnte ich mich des Eindrucks nicht erwehren, dass er sich über die anderen stellte und für besser hielt als den „Rest der bösen Welt."

Es gibt im Text keinen Hinweis darauf, dass der Pharisäer etwas Falsches sagt. Jesus wirft ihm nicht vor, dass er lügt. Doch wo genau liegt dann sein Fehler? Ich denke, das Gebet des Pharisäers ist in dreifacher Hinsicht falsch.

Erstens hat der Pharisäer ein aufgeblasenes Ich. Die Schuld dieses Menschen liegt in seiner Selbstbezogenheit. Ihm war nicht klar, wie blind er eigentlich war, wie wenig er Gott zu bieten hatte, ja, dass er eigentlich mit leeren Händen vor Ihm stand. Seine Worte klingen fromm, und er mag viele gute Werke getan haben, aber dass der Mensch als armer, elender Sünder vor einem heiligen Gott steht, ist ihm nicht klar. Er betet nicht zu Gott, sondern sein Altar ist das eigene Ego.

Zweitens hat der Mann ein unterentwickeltes Gottesverständnis. Seinem Gebet fehlen Dank, Lob und Bitte. Der Pharisäer wähnt sich nicht in der Gegenwart Gottes, sondern in der Gegenwart anderer Menschen, über die er sich erhebt.

Drittens hat der Mann ein verkehrtes Wertesystem. Er spricht über sein Tun, nicht über sein Sein. Das Handeln des „äußeren Menschen" ist ihm wichtig, nicht die Herzenseinstellung des „inneren Menschen". Ich las einmal von einem Evangelisten, der in seinen

18 Aus dem Babylonischen Talmud, Berachot 28 (Anm. d.Übers.)

Predigten die Stolzen unter seinen Zeitgenossen ebenso treffend wie anschaulich beschrieb: „Diese Leute sind wie Dodge City. Du kennst doch diese Stadt, die Hollywood für einen Westernfilm mitten in der Wüste aus dem Boden gestampft hat. Du siehst den Saloon mit seiner beeindruckenden Fassade, aber es ist nichts dahinter. Wenn du durch die Tür gehst, stehst du im Nichts."

Große Klappe, nichts dahinter – so war er, der Pharisäer. Viel Schein, wenig Sein. Außen hui, innen pfui. In einer Biografie über die Kennedys las ich einmal, dass Joseph Kennedy, der Vater des Clans, seinen Kindern einprägte: „Wie ihr wirklich seid, ist nicht so wichtig. Wie ihr nach außen wirkt, darauf kommt es an."[19] Hierzu hätte der Pharisäer wohl „Ja und Amen" gesagt. Selbst vor dem Angesicht Gottes versucht er, den Schein zu wahren und nimmt sich damit die Möglichkeit, zur echten Selbsterkenntnis vorzudringen.

Der „geistlich arme" Zöllner

Wer war nun der zweite Mann, der in den Tempel gekommen war, um zu beten? Ein „Zöllner", sagte Jesus, also ein Zoll- oder Steuereinnehmer. Der Ruf dieser Menschen stand im krassen Gegensatz zum Ruf der durch die Pharisäer verkörperten religiösen Elite. Für die Juden in der von den Römern besetzten Provinz Judäa war jeder Zöllner ein Verräter. Er kollaborierte mit der Besatzung, galt als unehrlich, korrupt und unrein. Das Gleichnis macht keine Aussage darüber, ob der üble Ruf der Zöllner berechtigt war.

Die Art und Weise wie sich der Mann hält und verhält, zeigt, dass er die Gegenwart Gottes zwar sucht, sich ihrer aber für absolut unwürdig hält. Der Zöllner „stand von ferne", das heißt, er hielt die vorgeschriebene Distanz zum Heiligtum ein. So weit wie der selbstbewusste Pharisäer hat er sich nicht nach vorn getraut. Er schlägt die Augen nieder und schlägt sich an die Brust. Diese Art der Körpersprache signalisiert, dass er betrübt und voller Kummer ist. Man hat fast den Eindruck, er denke an den Tod – so überwältigt ist er von seiner eigenen Schuld und Unwürdigkeit (vgl. die Szene unter dem Kreuz, wo sich die Menschen an die Brust schlagen, Lukas 23,48). Der Zöllner bietet das Bild eines elenden Sünders, voller

19 What you are isn't nearly as important as what you appear to be.

Demut, Zerbrochenheit und Bußfertigkeit. Hier ist ein Mann, der sich keinerlei Illusionen über sich selbst hingibt.

Sein Gebet besteht nicht aus wohlformulierten Worten; es ist ein Schrei des Herzens. Wörtlich übersetzt lautet es: „O Gott, hab Erbarmen mit mir Sünder." Der Zöllner ist nicht gekommen, weil er etwas hat, das er Gott bieten könnte, sondern weil er verzweifelt ist. Wir wissen nicht im Einzelnen, welche Schuld dieser Mann auf sich geladen hat, aber er ist sich seiner Verfehlungen bewusst. Er weiß auch, dass es keinerlei Entschuldigung für seine Schuld gibt. Ihm ist bewusst, dass Gott keine Entschuldigungen annimmt, aber ein reuevolles Herz niemals verachtet. Gottes Gnade ist seine einzige Chance. Wenn er sagt: „Hab Erbarmen mit mir", zeigt er, dass er die Botschaft der Bibel (damals des Alten Testaments) hundertprozentig verstanden hat. Das Wort „Erbarmen" – oder „Sühne" – verweist auf den Sühnealtar im Allerheiligsten, wo am Großen Versöhnungstag das Blut des Opferlammes vergossen wurde, damit dem sündigen Volk der Zugang zu Gott ermöglicht und die Gemeinschaft mit Ihm wieder hergestellt wird. Der Zöllner bleibt mit seinen Worten nicht im Allgemeinen. Er weiß, dass er die Vergebung persönlich braucht, und er verweist damit auf das Lamm Gottes und das Versöhnungswerk, für das Jesus Christus Mensch geworden ist. Bei sich selbst entdeckt der Zöllner nichts als Sünde, bei Gott nichts als Gnade und Erbarmen. Ein Vergleich mit anderen Menschen hilft ihm überhaupt nicht, das weiß er.

Jesus rückt unsere Maßstäbe zurecht

Jesus hat diese Geschichte nicht erzählt, damit sich jeder seinen Teil denken konnte. Er will nicht, dass die einen sie so, die anderen so auslegen. Deshalb stellt er die Lehre, die wir daraus ziehen sollen, unmissverständlich klar. Wenn der Herr sagt: „Ich aber sage euch", gilt es – wie zum Beispiel auch in der Bergpredigt – ganz genau hinzuhören, denn dann folgt etwas sehr Wichtiges: „Dieser", so sagt Jesus, „ging gerechtfertigt in sein Haus hinab, im Gegensatz zu jenem. Denn jeder, der sich selbst erhöht, wird erniedrigt werden; wer aber sich selbst erniedrigt, der wird erhöht werden." (Lukas 18,9-14). Lassen wir uns diese beiden Sätze einmal auf der Zunge zergehen. Der Zöllner ging gerechtfertigt nach Hause. Es handelt sich hier um eine Tatsachenbeschreibung, nicht um ein Gefühl des Zöllners. Der Begriff „gerechtfertigt" ist einer der wichtigsten in der Bibel überhaupt. Er bedeutet: „für gerecht erklärt." Das heißt, dem Steuereintreiber ist nicht nur vergeben worden. Gott selbst hat ihn für gerecht erklärt und ihn in eine Beziehung mit sich selbst gestellt. Gott, der Vater, tat dies in einer vorweggenommenen Gültigkeitserklärung des Todes Christi am Kreuz für diesen Menschen, denn nur durch den Tod Jesu gibt es Vergebung der Sünden.

So verweist das Gleichnis vom Pharisäer und Zöllner auf die zentrale biblische Wahrheit, dass verlorene Menschen „gerechtfertigt werden ohne Verdienst durch seine Gnade aufgrund der Erlösung, die in Christus Jesus ist" (Römer 3,24). Und die tragische Wahrheit über die Pharisäer lautet: „Ich gebe ihnen das Zeugnis, dass sie Eifer für Gott haben, aber nicht nach der rechten Erkenntnis. Denn weil sie die Gerechtigkeit Gottes nicht erkennen und ihre eigene Gerechtigkeit aufzurichten trachten, haben sie sich der Gerechtigkeit Gottes nicht unterworfen" (Römer 10,2f).

Gerechtigkeit und Selbstgerechtigkeit schließen einander aus. Die menschliche Selbstrechtfertigung steht der göttlichen entgegen. Da mag ein Mensch noch so gut daherkommen und daherreden; es nützt ihm nichts. Er verführt sich selbst. Solange wir uns nicht im Licht der Heiligkeit Gottes sehen, und solange wir nicht wissen, dass wir aus Gnade allein gerettet werden, ist all unsere Religiosität auf Sand gebaut.

Der Gang des Pharisäers zum Tempel war deshalb reine Zeitverschwendung. „Wer sich aber selbst erhöht, wird erniedrigt werden" (Matthäus 23,12). Seine Religion war reine Fassade, seine Gebete nichts als Worte, sein Selbstlob peinlich. Solange dieser Mensch nicht sein Herz vor Gott beugt und von Herzen Buße tut (das heißt umkehrt in Denken und Tun), wird er die Gnade und Vergebung Gottes nicht erfahren. Der Zöllner hingegen war in Demut gekommen, und sein Gebet wurde erhört. „Wer sich selbst erniedrigt, wird erhöht werden" (Matthäus 23,12).

Es geht dem Herrn in diesem Gleichnis nicht darum, uns ein „Bekehrungsgebet" beizubringen, nach der Devise: Bete so wie der

Zöllner, und du wirst errettet. Wichtig ist das Herz dieses Menschen. Wenn wir von Herzen bußbereit sind, so wie es der Zöllner war, wenn wir für unsere Schuld sensibel sind und bleiben, immer wissend, dass nur Gottes Gnade uns retten kann – dann werden wir die Vergebung auch erfahren. Buße und Umkehr stehen immer am Anfang eines Christenlebens. Doch das Leben eines Christen hört damit nicht auf. Im Reich Gottes kommt man ohne Demut nicht weiter. Der Demütige ist nicht jemand, der voller Minderwertigkeitskomplexe steht und meint, nichts gelinge ihm. Er ist vielmehr jemand, der Gottes Urteil über sein Leben akzeptiert hat. Auf sich gestellt, das weiß er, ist er ein hilfloser, elender Sünder. In den Augen Gottes ist er – um Christi willen – ein geliebtes Kind des Vaters und Mitglied der Familie des Ewigen. A.W. Tozer hat es auf den Punkt gebracht, wenn er sagt: „Der Christ weiß: In mir bin ich nichts, in Gott bin ich alles."

~12~
Meinen Anteil bekommen

Ich bin immer wieder fasziniert von der Geschichte des amerikanischen „Millionärsmissionars" Bill Borden. Bill war ein wahrer „Goldjunge", ein Sohn britischer Aristokraten, dem seine Eltern keinen Wunsch unerfüllt ließen. Sein Vater hatte es früh zu Ruhm und Geld gebracht, vor allem durch den Verkauf von Immobilien und die Beteiligung an einer Silbermine in Colorado. Es gab in ganz Chicago keinen reicheren Mann. Bill Borden Junior besaß im Jahr 1908, als er gerade einmal 21 Jahre alt war, schon ein Vermögen von umgerechnet 40 Millionen Dollar. Zudem war der junge Mann der Traum aller Mädchen, denn er war nicht nur reich, sondern auch noch gebildet, gutaussehend und von zuvorkommender Art.

Doch im Jahr 1912 geschah etwas, das die Menschen in Chicago und ganz Amerika aufhorchen ließ. Bill Borden sorgte aus zwei Gründen für Schlagzeilen: Erstens spendete er sein gesamtes Vermögen; die eine Hälfte für Missionsarbeit innerhalb der Vereinigten Staaten, die andere Hälfte für die Außenmission. Zweitens, so berichteten die Zeitungen, hatte er sich entschlossen, das Land zu verlassen, um als Missionar in einer muslimischen Volksgruppe in China zu arbeiten. Bill wusste, dass er dafür erst einmal Arabisch lernen musste, und so bestieg er einen Dampfer und reiste nach Ägypten, wo er eine gute Woche später ankam.

Nur wenige Monate später berichteten die Zeitungen vom Tod des jungen Mannes. Er hatte sich in Kairo eine Hirnhautentzündung zugezogen und diese nicht überlebt. Ganz Amerika war schockiert und trauerte. Und man stellte sich die Frage: Wie konnte das geschehen? Ein junger Mann hatte alles gegeben, seine Familie verlassen, sein Vermögen gespendet, seine Karriere hinter sich gelassen – und das alles nur, um mit 24 Jahren zu sterben. Warum?

Nicht nur die Zeitungen, sondern auch viele Christen fragten sich damals, ob sich der Aufwand gelohnt hatte. Und doch gibt es immer wieder Menschen wie Bill Borden. Was zeichnet solche Menschen aus. Wie „ticken" sie? Was geht in den Köpfen und Herzen der Christen vor, die ein Leben im Gehorsam leben und das tun wollen, was sie für Gottes Willen halten? Vor allem: Was haben sie davon? Welche Belohnung wird ihnen zuteil?

Es gibt im alttestamentlichen Buch Hiob ein bemerkenswertes Gespräch zwischen Gott und Satan. Als Gott den Teufel auf Hiobs vorbildlichen und integren Charakter hinweist, kontert der Teufel: „Ist Hiob umsonst gottesfürchtig? Hast du nicht ihn und sein Haus und alles, was er hat, ringsum eingehegt? Das Werk seiner Hände hast du gesegnet. (...) Aber strecke doch einmal deine Hand aus und taste alles an, was er hat; lass sehen, ob er dir dann nicht ins Angesicht absagen wird!" (Hiob 1,9-11). Diese Worte berühren einen wunden Punkt im Leben eines jeden Christen. Satan ergreift das Wort wider den Schöpfer und sagt: „Ach Gott, das glaubst du doch selbst nicht, dass ein Mensch dir aus freien Stücken dient, nur weil er dich liebt und dir vertraut. Nimm ihm das Gute weg, und er wird dich verlassen. Niemand liebt dich um deiner selbst willen."

Wie gehen wir mit dieser Anklage des „Verklägers unserer Brüder" (Offenbarung 12,10) um? Was antworten wir auf die Frage, warum wir Gott dienen? Lieben wir Ihn, weil Er Gott ist, oder weil Er uns Gutes tut? Der Segen Gottes (auch materieller Art) ist überhaupt nichts Schlechtes. Die Frage ist, was wir damit tun. Wie sieht unsere Motivation aus? Wenn die Gaben Gottes unser Antrieb sind, werden wir in schwierigen Zeiten schnell die Flinte ins Korn werfen. Es muss schon mehr sein, das uns antreibt, als Gottes gute Gaben.

Die Frage des Feindes zielt mitten in unsere Seele. Warum diene ich dem Herrn Jesus Christus? Muss ich es? Will ich es? Um genau diese Frage ging es auch in einem Gespräch zwischen dem Herrn und den Jüngern. Petrus hatte nach dem Lohn gefragt (also danach, was er und die anderen von der Nachfolge haben), und Jesus möchte, dass die Jünger – und wir – mehr über diese Dinge nachdenken. Die Frage des Petrus schließt sich unmittelbar an die Geschichte vom reichen Jüngling an (vgl. Matthäus 19,16-26).

Der Lohn der Nachfolge

> Da antwortete Petrus und sprach zu ihm: Siehe, wir haben alles verlassen und sind dir nachgefolgt; was wird uns dafür zuteil? Jesus aber sprach zu ihnen: Wahrlich, ich sage euch: Ihr, die ihr mir nachgefolgt seid, werdet in der Wiedergeburt, wenn der Sohn des Menschen auf dem Thron seiner Herrlichkeit sitzen wird, auch auf zwölf Thronen sitzen und die zwölf Stämme Israels richten. Und jeder, der Häuser oder Brüder oder Schwestern oder Vater oder Mutter oder Frau oder Kinder oder Äcker verlassen hat um meines Namens willen, der wird es hundertfältig empfangen und das ewige Leben erben. Aber viele von den Ersten werden Letzte, und Letzte werden Erste sein. (Matthäus 19,27-30)

Vor vielen Jahren las ich in einer Zeitschrift die Ergebnisse einer Untersuchung über den Einfluss des Geldes auf die Lebenseinstellungen junger Menschen. Psychology Today kam zu dem Ergebnis, dass Menschen, denen das Geld wichtiger als alles andere ist, selten in einer befriedigenden Beziehung leben, und stattdessen häufig von Sorgen, Ängsten und Einsamkeit geplagt werden.[20] Die Geschichte vom reichen Jüngling, die im Matthäusevangelium der Frage des Apostels Petrus vorausgeht, ist 2000 Jahre älter, zeigt aber genau dasselbe Phänomen: Das Geld hatte diesen jungen Mann fest im Griff. Nicht dass er viel besaß war sein Problem, sondern dass er nicht loslassen konnte. Sein Vertrauen war auf seinen Besitz gerichtet, und nicht auf Gott.

In der damaligen Gesellschaft galt Reichtum traditionell als ein Zeichen göttlichen Wohlgefallens. Die Jünger dürften deshalb nicht schlecht gestaunt haben, als Jesus sagte: „Es ist leichter, dass ein Kamel durch ein Nadelöhr geht, als dass ein Reicher in das Reich Gottes hineinkommt“ (Matthäus 19,24). Göttliches Wohlgefallen hat nichts mit Reichtum zu tun. Der Mensch wird aus reiner Gnade gerettet. Das Heil ist Gottes Gratisgeschenk für die, die es in Demut wie die Kinder annehmen. Aber wahrscheinlich ging es Petrus gar nicht um theologische Fragen. Ihn beschäftigte weniger die Frage,

20 *Psychology Today*, Mai 1981

wer gerettet wird als die Worte seines Herrn an die Adresse des reichen Jünglings. Sie gingen Petrus nicht aus dem Kopf. „Willst du vollkommen sein, so geh hin, verkaufe, was du hast, und gib es den Armen, so wirst du einen Schatz im Himmel haben; und komm, folge mir nach" (Matthäus 19,21). Wie mögen sie aussehen, die „Schätze im Himmel"?, mag sich Petrus gefragt haben. Er war ja ein Nachfolger. Er hatte alles verlassen. Und so bricht schließlich die Frage aus ihm heraus: „Was haben wir denn jetzt davon? Wie sieht er aus, unser Lohn?"

Nur jemand, der sich Illusionen über sein eigenes Herz macht, wird an dieser Stelle dem Apostel einen Vorwurf machen. Petrus hat nur das ausgesprochen, was wir alle denken. Die Frage „Was bringt's?" steckt uns nun mal in den Knochen. Wir singen „Ich bin entschieden zu folgen Jesus, nie mehr zurück, nie mehr zurück!" – aber wie oft würden wir uns doch gerne ein Hintertürchen offen lassen. Wir werden müde, brennen aus, und wenn die Freude der Nachfolge ausbleibt, fangen wir an, mit Gott zu hadern und denken laut oder leise: „So haben wir nicht gewettet! Wenn ich das gewusst hätte ..." Es gibt wohl keinen Christen, der sich noch nicht die Frage gestellt hätte, ob sich der Glaube auszahlt.

Die Reaktion Jesu ist sehr gnädig. Er weiß ohnehin, was im Menschen vorgeht, und so schimpft er nicht mit seinem Jünger, sondern ermutigt ihn. Es ist nicht unbiblisch oder ungeistlich, über die Frage der Belohnung nachzudenken. Dazu kommt das Thema zu oft in den Evangelien vor, z.B. in Matthäus 5,10-12, sowie in Kapitel 6,19-21; Kap. 10,41f; Kap. 24,45 und Kap. 25,20-23 – um nur einige Stellen zu nennen. „Lohn" im Sinne Gottes ist nicht irgendein Anreiz oder gar eine Bestechung, weil die Leute sonst nicht mitmachen würden. Lohn ist schlicht die Konsequenz aus der dankbaren Nachfolge. Es ist das, was denen zuteil wird, die „ihn von ganzem Herzen suchen" (Hebräer 11,6).

So wie ich die Aussage Jesu verstehe, bezieht sich der Herr auf das tausendjährige Friedensreich, wenn Gott seinen Thron einnimmt und alles neu macht. Über diese Zeit wird im Propheten Daniel berichtet (Kap. 7,13-22), bei Jesaja (Kap. 65,17; 66,22) und natürlich in der Offenbarung des Johannes. Die Jünger sehnten sich danach, dass diese Zeit anbricht, und nun sagt Jesus dem Apostel Petrus, dass er an seiner Herrlichkeit Anteil haben und mit ihm die zwölf Stämme Israels richten wird. Wir können uns heute kaum vorstellen, was diese Aussicht für die Jünger Jesu bedeutete. Als Juden warteten sie auf den Messias, auf den Erlöser Israels. Der Lohn der Nachfolge geht über alles hinaus, was sie sich erträumt hatten. Es kommt eine Zeit, so hören sie, in der Israel die herrlichste Nation auf Erden sein wird – mit Jesus als König und den Jüngern als Helfern, die seinen Willen vollstrecken.

Natürlich bezieht sich Matthäus 19,28 zunächst auf die zwölf Apostel. Doch es steckt noch mehr hinter dieser Aussage: Wenn Jesus, der Messias, wiederkommt, werden wir, die Gläubigen, Anteil haben an seiner Herrlichkeit (Römer 8,17), und mit ihm auf Erden herrschen (Offenbarung 5,10). Wir werden nicht nur über die Welt richten, sondern, wie Paulus es im Ersten Korintherbrief sagt, sogar über Engel (1.Korinther 6,1-3). Ich muss sagen, dass ich die Einzelheiten dieser Verheißungen nicht bis ins Letzte begreife, aber so steht es geschrieben. Die Gläubigen gehören zur Familie und zur Herrschaft des Messias. Ein größerer Lohn ist kaum vorstellbar als der, dass wir Anteil haben werden an Gottes Herrlichkeit.

Wie dies mit unserem irdischen Tun zusammenhängt, stellt Jesus in Vers 29 klar: Jedes Opfer, das wir hier bringen, verwandelt sich in ein ewiges Erbteil. „Wahrlich, ich sage euch: Es ist niemand, der Haus oder Brüder oder Schwestern oder Vater oder Mutter oder Frau oder Kinder oder Äcker verlassen hat um meinetwillen und um des Evangeliums willen, der nicht hundertfältig empfängt, jetzt in dieser (...) und in der zukünftigen Weltzeit ewiges Leben“ (Markus 10,30). Es versteht sich von selbst, dass dies nicht wörtlich gemeint ist. Natürlich geht es nicht um einen „hundertfältigen Lohn“ von Brüdern, Schwestern oder gar Frauen. Auch finanziell verbietet es sich zu rechnen: „Wenn ich 100 Euro spende, bekomme ich 10.000 Euro zurück.“ Wer sich auf eine solche berechnende Denkweise einlässt, ist nicht besser als der reiche Jüngling, der sein Vermögen nicht loslassen wollte. Was der Herr vielmehr zum Ausdruck bringen wollte, ist die Tatsache, dass der Segen, der uns in der Nachfolge Jesu zuteil wird, um ein Vielfaches an Wert das übersteigt, was wir an irdischen Gütern verlassen haben. Es mag sich hinziehen, und es mag nicht immer sofort offensichtlich sein, was wir davon haben, Gott zu dienen (wie Hiob erfahren musste), aber die Ewigkeit wird zeigen, dass es nicht vergeblich war.

Jesus fasst diese Wahrheit in zwei Punkten zusammen: „Viele von den Ersten werden Letzte, und Letzte werden Erste sein" (Matthäus 19,27-30). Aus irdischer Sicht war der reiche Jüngling ein Erster. Er stand auf der Gewinnerseite des Lebens. Aber an einer entscheidenden Weggabelung seines Lebens machte er einen fatalen Fehler: Er schloss sich selbst vom wahren Reichtum aus.

Wer in den Augen der Welt ein Gewinner ist, ist in Wirklichkeit nicht selten ein Verlierer. Auf der anderen Seite stehen die „Letzten." Damit sind die Jünger gemeint. Sie hatten ihren Arbeitsplatz und ihre Familien verlassen und sich einem umstrittenen Rabbi angeschlossen, der heimatlos durch die Gegend wanderte. Die Jünger waren ein Risiko eingegangen, so wie der eingangs erwähnte Millionär Bill Borden. Äußerlich sah es so aus, als hätten sie einen Fehler gemacht. Aber der Schein trügt. In Wirklichkeit werden sie mit dem verherrlichten Christus auf dem Thron sitzen, und alle Welt wird erkennen, dass diese Letzten die Ersten sind.

Die Antwort auf die Frage des Petrus – „Was haben wir davon?" – lautet also: „Ihr habt mehr davon, als ihr euch in euren kühnsten Träumen vorstellen könnt." Um ein Wort des Auca-Missionars Jim Elliot zu zitieren: „Ihr habt gegeben, was ihr nicht behalten könnt, um zu gewinnen, was ihr nicht verlieren könnt." Mit dieser Antwort sollten wir uns zufrieden geben. Auch wenn wir unseren Lohn noch nicht sehen und begreifen können – wir werden ihn bekommen, und wir werden aus dem Staunen nicht herauskommen.

Einen anderen Aspekt der Frage des Petrus haben wir noch nicht betrachtet. Er macht mir große Sorge, denn ich entdecke ihn nicht nur bei Petrus und vielen anderen Christen, sondern auch bei mir selbst. Ich meine den Geist des Aufrechnens und Vergleichens. Diese Frage behandelt Jesus in dem Gleichnis von den Arbeitern im Weinberg, Matthäus 20,1-16. Der letzte Vers ist identisch mit dem letzten Vers aus Kapitel 19, den wir gerade besprochen haben. Es lohnt sich also, hier weiter zu denken.

Die Motivation der Nachfolge

> Denn das Reich der Himmel gleicht einem Hausherrn, der am Morgen früh ausging, um Arbeiter in seinen Weinberg einzustellen. Und nachdem er mit den Arbeitern um einen Denar für den Tag übereingekommen war, sandte er sie in seinen Weinberg. Als er um die dritte Stunde ausging, sah er andere auf dem Markt untätig stehen und sprach zu diesen: „Geht auch ihr in den Weinberg, und was recht ist, will ich euch geben!" Und sie gingen hin. Wiederum ging er aus um die sechste und um die neunte Stunde und tat dasselbe. Als er aber um die elfte Stunde ausging, fand er andere untätig dastehen und sprach zu ihnen: „Warum steht ihr hier den ganzen Tag untätig?" Sie sprachen zu ihm: „Es hat uns niemand eingestellt!" Er spricht zu ihnen: „Geht auch ihr in den Weinberg, und was recht ist, das werdet ihr empfangen!"
> Als es aber Abend geworden war, sprach der Herr des Weinbergs zu seinem Verwalter: „Rufe die Arbeiter und bezahle ihnen den Lohn, indem du bei den Letzten anfängst, bis zu den Ersten." Und es kamen die, welche um die elfte Stunde eingestellt worden waren, und empfingen jeder einen Denar. Als aber die Ersten kamen, meinten sie, sie würden mehr empfangen; da empfingen auch sie jeder einen Denar. Und als sie ihn empfangen hatten, murrten sie gegen den Hausherrn und sprachen: „Diese Letzten haben nur eine Stunde gearbeitet, und du hast sie uns gleichgemacht, die wir die Last und Hitze des Tages getragen haben!" Er aber antwortete und sprach zu einem unter ihnen: „Freund, ich tue dir nicht unrecht. Bist du nicht um einen Denar mit mir übereingekommen? Nimm das Deine und geh hin! Ich will aber diesem Letzten so viel geben wie dir. Oder habe ich nicht Macht, mit dem Meinen zu tun, was ich will? Blickst du darum neidisch, weil ich gütig bin?" So werden die Letzten die Ersten und die Ersten die Letzten sein. Denn viele sind berufen, aber wenige auserwählt. (Matthäus 20,1-16)

Wie so viele der Geschichten und Gleichnisse, die Jesus erzählt hat, spielt auch dieses in der Alltagswelt des damaligen Palästinas.

Jesus lebte dort und kannte sich sehr gut aus mit den Gegebenheiten. Er spricht nicht über die Köpfe der Menschen hinweg, sonder holt sie dort ab, wo sie sind. Der Herr will uns mit diesem Gleichnis sicher nichts über Arbeitsbedingungen, das ewige Heil oder unseren Lohn im Himmel sagen. Darum geht es nicht. Es geht darum, dass wir als seine Nachfolger darüber nachdenken sollen, *warum* wir ihm dienen. Anders ausgedrückt: Haben wir in der Nachfolge die rechte Herzenseinstellung?

Tagelöhner gehörten in biblischen Zeiten zum Alltag. Es gab in jener von der Landwirtschaft geprägten Gesellschaft weder Tarifverträge noch Gewerkschaften. Wer Arbeit suchte, stellte sich morgens an dem hierfür vorgesehenen Treffpunkt am Marktplatz auf und wartete, bis jemand vorbeikam und ihn einstellte. Man einigte sich auf einen Lohn, der im Einklang mit den Forderungen der Tora war (vgl. 3.Mose 19,13; 5.Mose 24,14-15), und dieser wurde dann nach getaner Arbeit, also am Ende des Tages, ausbezahlt.

Die Geschichte ist – im besten Sinne des Wortes – aus dem Leben gegriffen. Kurz nach Sonnenaufgang, um 6 Uhr unserer Zeitrechnung, kommt der Besitzer eines Weinbergs auf den Markt, um sich seine Arbeitskräfte auszusuchen. Sie einigen sich auf einen gerechten Lohn, und die Arbeiter ziehen los. Es gibt keine Hinweise darauf, dass es sich bei den zuerst Eingestellten um irgendwelche Leute mit besonderen Kenntnissen handelte. Sie waren verfügbar; sie waren einverstanden; sie gingen an die Arbeit.

Doch die Geschichte geht noch weiter. Aus irgendwelchen Gründen muss dem Besitzer des Weinbergs klargeworden sein, dass er mehr Arbeiter brauchte. Vielleicht zogen Regenwolken auf und die Arbeit musste eilig beendet werden, vielleicht hatte sich einer seiner Abnehmer gemeldet, weil er die Ware (also die Trauben) früher als erwartet benötigte. Vielleicht hatte der Weinbergbesitzer aber auch ein gütiges Herz und wollte den Arbeitsuchenden, die keinen Job gefunden hatten, etwas Gutes tun. Wir wissen es nicht. Jedenfalls kam der Mann um 9 Uhr noch einmal an den verabredeten Platz und sah, dass dort noch einige „Arbeitslose“ müßig herumstanden. „Na los“, mag er gesagt haben. „Ihr könnt gerne dort hinten in dem Weinberg mithelfen. Ich werde euch einen fairen Preis dafür zahlen." Die Männer glaubten dem Mann – er schien ja einen vertrauenswürdigen Charakter zu haben – und zogen freudig los. Der Auftraggeber kommt noch dreimal zurück, um 12 Uhr mittags, um 15 Uhr und um 17 Uhr, und verfährt mit den noch (oder wieder) vorhandenen Arbeitsuchenden genauso.

Dann geht der Tag zu Ende, und der Besitzer des Weinbergs befiehlt seinem Vorarbeiter, die Leute auszuzahlen, beginnend mit denen, die er um 17 Uhr eingestellt hatte, bis hin zu denen, die schon morgens früh losgezogen waren. Als die Spätschicht ihren Lohn erhält, staunen die Männer nicht schlecht. Jeder bekommt einen Denar. Ihnen war klar, dass sie eigentlich keinen ganzen Tageslohn verdient hatten. Doch genauso klar war es, dass eine Familie damals mit weniger nicht auskam; der Denar war sozusagen der Mindesttageslohn. Mit anderen Worten: Der Weinbergbesitzer hatte nicht nach Verdienst, sondern nach Bedarf gezahlt. Die Not der Menschen war seiner Ansicht nach wichtiger als sein eigener Profit.

Die Großzügigkeit spricht sich in Windeseile herum. Die Arbeiter, die etwas weiter hinten in der Schlange stehen, fangen an, sich auszurechnen, was sie dann wohl bekommen. „Wenn der Stundenlohn von 17 bis 18 Uhr ein Denar ist, dann bekommen die Frühaufsteher zwölfmal so viel, also 12 Denare – vielleicht noch mit Hitzezuschlag!" Als sie in der Schlange weiter nach vorne gerückt waren, hatten sie wahrscheinlich im Geiste die Hälfte des Geldes schon wieder ausgegeben. Was für eine Enttäuschung muss es gewesen sein, als die Arbeiter, die zwölf Stunden geschuftet hatten, auch nur einen Denar bekamen. Wohlgemerkt, dies war genau die tarifliche Vereinbarung (Matthäus 20,2), aber es erschien ihnen nicht fair.

Als sie sich über den „ungerechten Lohn" beklagen, sagt der Weinbergbesitzer (sinngemäß): „Wie bitte?! Wir haben genau einen Denar vereinbart. Und einen Denar habt ihr bekommen. Das ist ein fairer Lohn. Und die Arbeiter, die nur eine Stunde am Abend gearbeitet haben, bekommen nicht einen fairen Lohn, sondern einen großzügigen Lohn." Die Worte des Weinbergbesitzers enthalten auch eine leise, aber deutliche Kritik am Apostel Petrus. Es gibt, so wie ich es sehe, drei Gefahren, denen ein Nachfolger Jesu Christi ausgesetzt ist.

Erstens: Der Geist der Berechnung. Wir glauben zu wissen, wer wieviel wert ist – und ziehen daraus unsere (falschen) Konsequenzen. Es gibt eine Geschichte aus der rabbinischen Tradition, die dem Gleichnis ähnelt, aber ganz anders ausgeht. Dort sagt der Weinbergbesitzer am Ende zu denen, die sich über den angeblich ungerechten Lohn beklagen: „Dieser da hat in zwei Stunden mehr vollbracht als ihr an einem ganzen Tag." Wir haben Verständnis für die Mentalität des Aufrechnens und Nachzählens. Guter Lohn für gute Arbeit, gleicher Lohn für gleiche Arbeit. So fordern es ja auch die Gewerkschaften.

Doch im Reich Gottes gehen die Uhren anders. Und es wird auch anders gerechnet. Wer für einen gerechten Lohn arbeitet, weiß im Voraus, was er bekommt. Ein solcher Mensch ist dann ein Tagelöhner, ein Arbeiter, der vom eigenen Verhandlungsgeschick und dem Wohlwollen des Arbeitgebers abhängt. Kinder haben es besser. Sie leben von der Güte ihres Vaters. Wir dienen nicht, um zu verdienen. Überlassen wir die Berechnung des Lohnes doch dem himmlischen Vater. Wir werden am Zahltag aus dem Staunen nicht herauskommen.

Wenn ich über selbstlosen Dienst nachdenke, fällt mir immer der Name Rees Howell ein. Rees Howell (1879–1950), der spätere Gründer und Präsident des *Welsh Bible College* war ursprünglich ein einfacher Bergarbeiter, der sich seinen Feierabend verdient hatte. Doch fast täglich ging der junge Prediger, der in der Erweckung von 1904 zum Glauben gekommen war, nach einer 12 Stunden-Schicht noch zwei Meilen zu Fuß in ein kleines Dorf, um dort eine Bibelstunde abzuhalten. Eines Nachts geriet er in einen furchtbaren Platzregen und wurde, endlich zu Hause angekommen, von seinem Vater mit den Worten begrüßt: „Und wenn du mir 100 Pfund geben würdest – ich würde bei so einem Wetter nicht vor die Tür gehen!" Rees Howell antwortete darauf: „Für 100 Pfund würde ich es auch nicht tun." Es ging diesem Mann nicht ums Geld. Menschen wie Howell brauchen keinen Lohn. Sie dienen aus anderen Motiven. Rees Howell wusste, wer ihn von welcher Schuld errettet hatte, und diesem Herrn und Heiland diente er aus Liebe und Dankbarkeit.

Zweitens: Der Geist des Vergleichens. Die Tagelöhner, die zwölf Stunden gearbeitet hatten, verglichen sich mit denen, die nur eine Stunde gearbeitet hatten und „meinten ... sie würden mehr empfangen." Indem sie ihr Augenmerk auf das richteten, was die anderen bekommen hatten, waren sie nicht mehr in der Lage, sich über das zu freuen, was sie selbst empfangen hatten. Genauso erging es Saul, der sich zunächst über seinen Sieg über die Philister freute, dann aber hörte, dass das Volk David mehr zujubelte, woraufhin sein Herz versteinerte (1.Samuel 18,1-16). Wie viel Unglück und Herzeleid haben sich Jünger Jesu schon selbst bereitet, indem sie sich mit anderen verglichen haben.

Als ich einmal mit einem guten Freund abends nach Hause fuhr, kamen wir an eine Straßenkreuzung, die mit Verkehrsschildern und Hinweisen gerade übersät war. Und das Schlimmste: Die einzelnen Schilder schienen einander zu widersprechen. „An welches sollen wir uns denn nun halten?", fragte ich kopfschüttelnd. „Schau mal, was dort steht. Das kann man verstehen", sagte mein Beifahrer lachend. „Tu immer das Nächstliegendste!", las ich vor. In der Tat, das war ein guter Tipp. Ich nahm ihn mir zu Herzen und musste noch manches Mal daran denken, so zum Beispiel auch in Situationen, in denen ich mich mit anderen Christen verglich. Wie oft habe ich gedacht: könnte ich doch predigen können wie Billy Graham, beten wie Georg Müller, organisieren wie Bill Bright, Bücher schreiben wie Elisabeth Elliot und singen wie Steve Green. Aber ist das für mich und mein Leben das Nächstliegende? Wohl kaum! Erst wenn ich aufhöre, mich mit anderen zu vergleichen und das tue, was Gott mir vor die Füße gelegt hat, verschwindet die schlechte Laune und die „Freude am Herrn ist meine Stärke" (Nehemia 8,10).

Drittens warnt uns der Herr in diesem Gleichnis vor dem Geist des Murrens. Sie „murrten gegen den Hausherrn", heißt es im Text. Murren ist ein Misstrauensvotum gegenüber Gott, dem Herrn, der uns alles zum Besten dienen lässt. Und es zeigt auch, was in unseren Herzen steckt, wie neidisch und missgünstig wir oft sind. „Blickst du darum neidisch, weil ich gütig bin?", heißt es im Text (Matthäus 20,15). Wer sind wir eigentlich, dass wir uns einbilden, wir hätten das Recht, Wort zu nehmen wider den allmächtigen und heiligen Schöpfer des Universums? Schon die Kinder Israels hatten ihren Gott zum Zorn gereizt, weil sie das Murren nicht lassen wollten. Meckern und murren führt zu nichts. Es beraubt uns und die Menschen um uns herum der Freude und ist in negativer Weise ansteckend. Wer ständig auf das sieht, was er nicht hat, und sich darüber beklagt, wie anstrengend die Nachfolge ist, hat die Gnade und Großzügigkeit Gottes nicht verstanden.

Der englische Prediger und Evangelist Frederick Brotherton Meyer (1847–1929), ein Zeitgenosse Dwight L. Moodys, berichtete einmal, dass Mitglieder seiner Gemeinde ihm erzählt hätten, seine Arbeit sei gegenüber dem, was andere Prediger „auf die Beine stellten", relativ unbedeutend. Doch F.B. Meyer hatte damit keine Probleme. „Merkwürdigerweise habe ich festgestellt", so Meyer, „dass sich meine Gebete für die Gemeinden der anderen Pastoren auch auf meine eigene Gemeinde auswirken. Je mehr Segen ich für die anderen erbete, um so mehr Segen fließt auf meine eigene Herde über."

Der Herr beendet das Gleichnis mit einem Vers, der an seine Aussage aus Matthäus 19,30 erinnert: „Viele von den Ersten werden Letzte, und Letzte werden Erste sein." Hier jedoch geht es nicht um den Unterschied zwischen Gläubigen und Nichtgläubigen. Vielmehr sollen wir daran erinnert werden, dass äußere Umstände nichts mit ewigem Lohn zu tun haben. Die Ersten im Gleichnis sind diejenigen, die bereits um 6 Uhr morgens „auf der Matte", besser gesagt: auf dem Markplatz standen. Ich selbst bin schon sehr früh zum Glauben gekommen, nämlich als Kind. Und ich bin auch schon früh in den Missionsdienst berufen worden. Insofern vergleiche ich mich gerne mit den Frühaufstehern aus dem Gleichnis. Doch ich habe viele Freunde, die erst im Erwachsenenalter gläubig geworden sind, und die deshalb, rein zeitlich gesehen, einige Jahrzehnte weniger im Dienst für den Herrn standen. Heißt das etwa, dass ihr Lohn im Himmel deshalb geringer ausfallen wird? Mitnichten! Das Gleichnis lehrt mich, dass Gott ein treues, Ihm hingegebenes Herz ehrt. Er ist großzügig und barmherzig – und zählt weder Stunden noch Dienstjahre.

Ich sagte eingangs, dass wir uns fragen sollten, warum wir dem

Herrn dienen. Treibt uns die Angst, das Pflichtgefühl, der gute Ruf, die Aussicht auf Lohn? Wer wäre je dazu in der Lage, die eigenen Motive vollständig zu erforschen und zu verstehen? Wohl niemand. Doch es ist meine feste Überzeugung, dass ich kein Tagelöhner bin, der um des Lohnes willen im Reich Gottes arbeitet. Wir Christen sind Kinder des Allerhöchsten. Wir freuen uns, dass der Herr uns zu seinen Haushaltern und Verwaltern gemacht hat. Wir vertrauen auf seine Großzügigkeit und dienen Ihm gerne. Der Fehler des Petrus lag darin, dass er nur die Kosten und den Lohn im Blick hatte. Er vergaß, dass der Dienst für den Herrn ein Geschenk und ein Vorrecht ist.

Als David Livingstone am 4. Dezember 1857 kurz vor seiner Rückkehr nach Afrika stand, fasste er noch einmal zusammen, was seinem Leben Sinn gab, und was ihn für diese entbehrungsreiche Reise motivierte. Livingstone sagte:

> Ich habe mein ganzes Leben lang nie aufgehört, Gott dafür zu danken, dass Er mich in seinen Dienst gestellt hat. Ich weiß, dass es viele Menschen gibt, die von den Strapazen und Opfern reden, die meine Lebensaufgabe in Afrika mit sich bringt. Aber wie können wir von Opfern reden, wenn Gott so viel für uns getan hat und wir Ihm doch nur zurückgeben, was wir von Ihm empfangen haben? Ist es ein Opfer, wenn unser Leben einen Sinn bekommt, wenn Hoffnung und Zuversicht uns antreiben? Weg mit diesem Wort! Es ist alles andere als ein Opfer, es ist ein Vorrecht.

Epilog

Die Menschen, die damals zu Jesu Füßen saßen und die Gleichnisse hörten, staunten über das, was Jesus sagte. Irgendwie war er anders. Seine Lehre hatte Kraft. Er sprach mit Vollmacht, anders als die Schriftgelehrten (Matthäus 7,20; Lukas 4,23). Seine Worte waren keine Hülsen, sondern prall mit Inhalt gefüllt. Sein Wort war das Leben. Und seine Geschichten kamen direkt von Gott. „Und alle gaben ihm Zeugnis und wunderten sich über diese Worte der Gnade, die aus seinem Mund kamen" (Lukas 4,22). Die Worte des Herrn hatten nicht nur Kraft; sie heilten die Menschen, die ihnen zuhörten. Und sie deckten Unbekanntes auf: die Schuld, die den Menschen von Gott trennt. Die Gleichnisse Jesu waren wie ein Fenster zum Himmel, ein „Guckloch" in das Herz Gottes.

Leider haben wir diese Zeiten nicht miterlebt. Es war uns nicht vergönnt, wie Maria zu den Füßen Jesu zu sitzen. Doch Christus hat uns nicht allein gelassen. Durch den Heiligen Geist macht er uns sein Wort, die Bibel, verständlich. Er redet auch heute noch, so wie damals – zum Beispiel durch die Gleichnisse. Sie lehren uns, wer wir sind, und wie wir vor Gott stehen. Sie sind anders als alle anderen Nachrichten, die uns in dieser reizüberfluteten Zeit erreichen. Sie rufen uns zu Gott. Sie ermahnen und ermuntern uns, Ihm zu gehorchen und uns in Ihm zu freuen. In den Gleichnissen sehen wir einen Gott, dessen Liebe überströmend und unendlich ist, dessen Kraft Herzen verändert, dessen Ohren immer offen sind für unsere Gebete und der nicht will, dass irgendjemand verloren geht (1.Timotheus 2,4).

Ich hoffe, dass diese Ausführungen Ihr Verständnis der Gleichnisse Jesu vertieft haben. Doch noch viel wichtiger ist, dass sie Ihre Freude an dem Herrn der Gleichnisse gesteigert haben. Die Geschichten sind wunderbar – der Herr ist es noch weit mehr! Unsere Welt droht uns in Information zu ertränken, während unsere Seelen nach Weisheit dürsten. Was wir nötiger als alles andere brauchen, ist die Erkenntnis der Größe Gottes und seiner Gnade. Und in den Gleichnissen zeigt Er uns, wie wir uns und das Leben sehen sollen.

Möge Gott es Ihnen in seiner Gnade schenken, dass Sie sich in Ihm freuen, dass Sie Ihm mit Leidenschaft nachfolgen – und dass Sie nichts auf der Welt so motiviert wie die Liebe des Herrn, der alles für Sie gegeben hat.